Collection dirigée par Denis HUISMAN

KANT

Idée d'une histoire universelle au point de vue cosmopolitique

Réponse à la question « Qu'est-ce que les Lumières ? »

Notes et commentaires de
Jacqueline LAFFITTE
Agrégée de philosophie
Professeur en classes préparatoires au lycée Louis-le-Grand

Avec la collaboration de
Noëlla BARAQUIN
Agrégée de philosophie
Chargée de la préparation au CAPES et l'agrégation au CNED

Traduction
Jacqueline LAFFITTE

Sommaire

Avant-Propos 3

▶▶ **Préliminaires**
Biographie de Kant 5
Repères chronologiques 6

▶▶ IDÉE D'UNE HISTOIRE UNIVERSELLE AU POINT DE VUE COSMOPOLITIQUE
Avant de commencer la lecture
  Histoire de l'œuvre 12
  Problématiques essentielles 18
  Résumé - Guide de lecture 23
▶ **Texte intégral et notes** 31
▶ **Dossier**
Commentaire méthodique
  Concepts clés 50
  Grandes thèses 59
Documents
  Autour de l'œuvre 70
  Accueil et postérité 79

▶▶ RÉPONSE À LA QUESTION : « QU'EST-CE QUE LES LUMIÈRES ? »
Avant de commencer la lecture
  Brève histoire de l'œuvre 80
  Problématiques essentielles 81
  Résumé - Guide de lecture 83
▶ **Texte intégral et notes** 88
▶ **Dossier**
Commentaire méthodique
  Concepts clés 98
  Grandes thèses 104
  Sujet de dissertation : Peut-on penser par soi-même ? 114
Documents
  Autour de l'œuvre 120

▶▶ **Glossaire et notions** 126
▶▶ **Index des auteurs et noms propres** 137
▶▶ **Indications bibliographiques** 140

© Éditions Nathan, 1994
ISBN 978-2-09-187300-8

Avant-propos

C'est à dessein que sont réunis dans cet ouvrage, pour les rendre accessibles à un public d'étudiants, deux textes fondamentaux d'Emmanuel Kant touchant la philosophie de l'histoire. Ce choix pourrait se justifier par de simples considérations chronologiques, puisque c'est quelques semaines seulement après la parution de l'*Idée d'une histoire universelle au point de vue cosmopolitique* que Kant écrit sa *Réponse à la question: « Qu'est-ce que les Lumières ? »* Les deux opuscules paraissent dans le *Berlinische Monatsschrift*, et marquent les premières interventions de Kant dans les débats de son temps.

Cependant, ce qui légitime un tel rapprochement est plus fondamental et tient au fait que ces deux textes abordent, bien que dans une perspective différente, une même problématique: celle du progrès* du genre humain et de son inscription dans l'histoire. La question est plus précisément de comprendre comment s'articulent les deux agents du progrès, à savoir la *nature* et la *liberté*, le processus aveugle lié au libre jeu des passions humaines d'une part, et l'action des individus en tant qu'êtres libres et raisonnables d'autre part. Tel est bien le champ de réflexion qui fait l'unité et la cohérence de ces deux opuscules.

Dans l'*Idée d'une histoire universelle* (I.H.U.[1]), le point de vue qui domine est celui d'un plan caché de la nature qui s'effectue d'abord sans l'intervention consciente et intentionnelle de l'homme et qui permet, au-delà du spectacle que nous offre la folie destructrice de l'histoire, de discerner un devenir sensé, une orientation intelligible des actions humaines. La conception du progrès dans cet opuscule repose sur le principe de finalité* naturelle, principe non constitutif mais réfléchissant, hypothèse raisonnablement fondée qui sert de fil conducteur* à l'intelligibilité de l'histoire. Ce fil conducteur est l'idée d'un parfait accomplissement, non par l'individu dont la vie est trop brève mais par l'espèce tout entière, des dispositions humaines, et en particulier de la raison* dont la seule vocation ne peut être que de réaliser la destination* éthico-politique de l'homme. L'*Idée d'une histoire universelle* insiste donc sur la perspective naturaliste d'un progrès « pathologiquement extorqué », c'est-à-dire arraché à l'antagonisme des passions. Ce qui signifie que la nature* procède elle-même, pour atteindre ses buts, au choix de ses moyens qui sont les ressorts de la nature humaine – et cela sans référence au bien et au mal. Kant dépasse ainsi l'optimisme naïf d'un progrès linéaire propre aux premiers *Aufklärer*, sans tomber pour autant dans le pessi-

---

1. Liste des abréviations des œuvres de Kant utilisées dans cet ouvrage:
Anthr.: *Anthropologie au point de vue pragmatique*; Conflit: *Conflit des facultés*; Conjectures: *Conjectures sur les débuts de l'histoire humaine*; C.F.J.: *Critique de la faculté de juger*; C.R.P.: *Critique de la raison pure*; C.R.Pr.: *Critique de la raison pratique*; Droit: *Doctrine du droit*; F.M.M.: *Fondement de la métaphysique des mœurs*; I.H.U.: *Idée d'une histoire universelle au point de vue cosmopolitique*; Lumières: *Qu'est-ce que les Lumières?*; P.P.P.: *Projet de paix perpétuelle*; Qu'est-ce que s'orienter: *Qu'est-ce que s'orienter dans la pensée?*; Religion: *La Religion dans les limites de la simple raison*; T.P.: *Théorie et pratique*; Vertu: *Doctrine de la vertu*. Les astérisques renvoient au glossaire p. 126 et, pour les noms propres, à l'index p. 137.

misme radical de l'abdéritisme qui voit dans l'histoire un tissu de folies. En effet, ce n'est pas par l'amour du bien mais par «l'insociable sociabilité», ce n'est pas par la concorde mais par la discorde, que l'homme parviendra à s'élever et à se dépasser. Toutefois, il ne s'ensuit pas qu'il n'ait qu'à attendre la réalisation de sa destination en subissant passivement la marche automatique du progrès.

L'avènement des Lumières marque la fin du rôle de la nature en tant que moteur exclusif du progrès. Les Lumières ont été rendues possibles par la ruse de la nature, elles ont rendu à leur tour possible le passage de la nature à la liberté*.

C'est bien la nature qui «prépare l'homme à une domination dans laquelle la raison seule possédera la puissance» (*C.F.J.*, § 83), ce qui définit à proprement parler l'avènement des Lumières, c'est-à-dire le règne d'une raison autonome, apte à penser par elle-même et à prendre en charge son propre destin. Avec la diffusion des Lumières, le point de vue volontariste et éthique prend le pas sur la perspective naturaliste. L'homme, ayant compris le dessein de la nature, se l'approprie et en fait la tâche pratique de sa raison. Le progrès extorqué est transformé, par des hommes éclairés et conscients de leur véritable destination éthico-juridique, en un progrès librement consenti. C'est la raison pratique qui définit maintenant le sens de l'histoire. Ainsi la nature a-t-elle préparé son propre dépassement puisqu'elle a voulu que l'homme réalise son humanité* par sa propre raison, comme le précise déjà Kant dans les Propositions III et VIII de l'*Idée d'une histoire universelle,* qui annoncent en ce sens *Qu'est-ce que les Lumières?*

L'*Idée d'une histoire universelle* nous a donné la foi dans le sens de l'histoire et du progrès. La conscience morale ne saurait accepter en effet que le monde ne soit pas sensé, que sa marche soit sans but car, sinon, l'individu, sombrant dans le désespoir, ne trouverait aucune raison de travailler au progrès moral de l'humanité. Dans *Qu'est-ce que les Lumières?* cette foi et cette espérance deviennent un devoir* et un appel à la responsabilité, à la fois des citoyens* et de leurs gouvernants. Certes l'*Aufklärung* n'est pas l'avènement de la destination éthico-politique de l'homme: elle n'en est que la prise de conscience. L'homme éclairé n'est pas meilleur moralement, mais il est apte au discernement moral. C'est là qu'apparaît le rôle charnière des Lumières entre nature et liberté, car il n'y a pas de conversion directe effectuée par la nature du progrès aveugle au progrès moral, la nature ne pouvant rendre moralement bon.

L'*Aufklärung* est donc la médiation indispensable pour passer du règne de la finalité naturelle à la téléologie morale. S'il est vrai que la nature ne s'occupe que de l'espèce, la responsabilité de l'individu n'en est que plus élevée d'agir sur la postérité de façon à ce qu'elle s'améliore toujours. «C'est pourquoi on ne doit pas éduquer les enfants selon l'état présent de l'espèce humaine mais selon l'état futur, possible et meilleur, c'est-à-dire conformément à l'idée de l'humanité et de sa destination morale.» (*Réflexions sur l'éducation.*) Si, grâce aux Lumières, nous prenons conscience de la nécessité de développer notre nature d'êtres raisonnables, nous parviendrons à accélérer le processus engagé par la nature et à amener plus vite l'avènement d'une communauté d'êtres libres et raisonnables (la république idéale).

Biographie de Kant

(1724 - 1804)

Emmanuel Kant naît le 22 avril 1724 à Königsberg, en Prusse orientale. Il est le quatrième d'une famille de onze enfants, dont le père, d'origine modeste, est artisan sellier. Son éducation est marquée à la fois par le puritanisme rigoureux et austère de son père et par les sentiments piétistes de sa mère – le piétisme, d'origine luthérienne, privilégiant les sentiments religieux plutôt que la stricte obéissance aux règles morales et aux dogmes de la religion. Il étudie les auteurs latins au collège puis entreprend des études universitaires de mathématiques, physique et théologie. La mort de son père en 1746 le contraint à s'engager comme précepteur dans diverses familles.

Il présente un mémoire en 1755, ce qui lui permet d'enseigner à l'université de Königsberg en tant que privat-docent (professeur payé par ses étudiants). La charge de son enseignement est très lourde, seize à vingt-huit heures de cours par semaine, ce qui ne lui laisse que peu de temps à consacrer à ses travaux personnels. En 1770, à quarante-six ans, il soutient sa thèse et obtient la chaire longtemps convoitée de métaphysique et de logique qu'il occupera pendant plus de quarante ans. Sa carrière universitaire et ses écrits le rendent célèbre et lui procurent des honneurs, telle que sa nomination à l'Académie des sciences de Saint-Pétersbourg.

Il prend sa retraite en 1797 et meurt sept ans plus tard sans avoir, pour ainsi dire, quitté sa ville natale.

Son existence de célibataire consacrée entièrement à la recherche et à l'enseignement est minutieusement réglée. Fragile de santé, Kant s'impose une discipline de vie très stricte où travail, sommeil et distractions se répartissent selon un emploi du temps rigoureux. Il affirmera d'ailleurs que sa santé comme sa longévité sont l'œuvre de sa volonté.

Repères chronologiques

Vie de Kant

1724 Naissance de Kant à Königsberg.

1737 Mort de sa mère.
1740 Études de philosophie, théologie, mathématique et physique à l'université de Königsberg.
1746 Mort de son père.
1755 Enseigne comme privat-docent à l'université de Königsberg.

1765 Sous-bibliothécaire à la bibliothèque royale du château de Königsberg.

1770 Soutenance de thèse. Nommé professeur de métaphysique et de logique à l'université de Königsberg.
1772 Cours d'anthropologie.
1774 Cours de théologie naturelle.
1776 Cours de pédagogie.

1780 Entre au sénat académique de l'université de Königsberg.

Événements historiques

1725 Mort de Louis XV.

1740 Accession au trône de Frédéric II, roi de Prusse.

1755 Tremblement de terre de Lisbonne.

1769 Naissance de Napoléon Bonaparte.

1774 Mort de Louis XV. Avènement de Louis XVI.

Littérature, sciences, philosophie	Principales œuvres de Kant
1755 Rousseau, *Discours sur l'origine de l'inégalité.* **1756** Naissance de Mozart. **1759** Voltaire, *Candide.* **1762** Rousseau, *Du contrat social, Émile.* **1763** Voltaire, *Traité sur la tolérance.*	**1756** *Monadologie physique.* **1759** *Essai de quelques considérations sur l'optimisme.* **1762** *Observations sur le beau et le sublime.*
1770 Naissance de Hegel.	**1770** *Dissertation de 1770 : De la forme et des principes du monde sensible et intelligible.*
1775 Naissance de Schelling. **1776** Mort de Hume. **1778** Mort de Voltaire et de Rousseau. **1779** Publication des *Dialogues sur la religion naturelle* de Hume.	
	1781 *Critique de la raison pure.*

Repères chronologiques

Vie de Kant	Événements historiques
1786 Entre à l'Académie de Berlin.	**1786** Mort de Frédéric II. Avènement de Frédéric-Guillaume II.
	1789 Révolution française.
	1793 Exécution de Louis XVI.
1794 Membre de l'Académie des sciences de Saint-Pétersbourg.	**1794** Chute de Robespierre.
1796 Donne sa dernière leçon à l'université de Königsberg.	**1796** Mort de Catherine II de Russie.
	1799 Coup d'État du 18 brumaire.
1801 Charge son élève Wasianski de l'administration de ses biens et en fait son exécuteur testamentaire.	**1801** Concordat de Bonaparte et de Pie VII. Bonaparte demande un résumé de la philosophie de Kant.
1804 Mort de Kant.	**1804** Napoléon Ier, empereur.

Repères chronologiques

Littérature, sciences philosophie

Principales œuvres de Kant

	1784 Idée d'une histoire universelle au point de vue cosmopolitique. Réponse à la question : « Qu'est-ce que les Lumières ? »
1785 Fondation en Allemagne d'une revue favorable au criticisme.	**1785** Fondements de la métaphysique des mœurs.
1787 Mozart, *Don Juan*.	**1787** Seconde édition de la Critique de la raison pure.
1788 Naissance de Schopenhauer.	**1788** *Critique de la raison pratique*.
1789 Combats contre le kantisme.	
1791 Mozart, *La Flûte enchantée*. Mort de Mozart.	**1790** *Critique de la faculté de juger*.
	1793 *La Religion dans les limites de la simple raison*.
1794 Fichte, *Doctrine de la science*.	
1795 Dans *Le Moniteur*, éloges de Kant et de Fichte.	
	1797 *Métaphysique des mœurs*.
	1798 *Anthropologie du point de vue pragmatique*.
1800 Schelling, *Système de l'idéalisme transcendantal*.	
1803 Réalisation, en Angleterre, de la première machine à vapeur.	
1804 Naissance de Feuerbach.	

L'Organisation des Nations unies
La Charte des Nations unies est le texte fondateur de l'O.N.U. À sa lecture, on ne manquera pas d'être frappé par l'anticipation générale de la pensée kantienne qui, deux siècles auparavant, affirme le principe d'une fédération des Nations, en mesure les difficultés et précise les conditions de son efficacité. Car tel est bien le problème : il faut que la force au service du droit international soit plus forte que le plus fort des États pour que l'appréciation et le respect du droit de chaque État ne dépendent plus de la force. Voir Charte des Nations unies, pp. 77-78.

Idée
d'une histoire
universelle
au point de vue
cosmopolitique

Avant de commencer la lecture

Histoire de l'œuvre

▶▶ **1. La première philosophie de l'histoire**

L'opuscule de Kant *Idée d'une histoire universelle au point de vue cosmopolitique* est considéré comme la « première philosophie de l'histoire ». Le terme désigne les projets qui prétendent englober l'histoire de l'humanité* prise dans son ensemble et lui donner un sens. On l'applique, au sens strict, aux trois grands systèmes de Hegel*, Auguste Comte et Marx. Mais l'idée d'une interprétation générale de l'histoire apparaît au XVIIIe siècle dans les pensées du progrès qui fondent la philosophie française des Lumières, par exemple chez Condorcet (*Esquisse d'un tableau historique des progrès de l'esprit humain*, 1795).

L'idée d'une histoire orientée vers un sens positif trouve ses origines dans la pensée religieuse, essentiellement dans les théologies de l'histoire produites par le christianisme et sa représentation linéaire du temps. Pour saint Augustin* (*La Cité de Dieu*, Ve siècle), l'histoire des cités et des empires réalise le grand dessein de la Providence : une cité parfaite dans l'autre monde. Bossuet* (*Discours sur l'histoire universelle*, 1681) met l'accent sur la rationalité de l'histoire, effet d'une volonté divine, et sur son universalité : elle embrasse tous les temps et tous les empires. Mais son horizon est limité à la chrétienté et à la racine de celle-ci, le peuple hébreu. La perspective cosmopolitique* lui est étrangère. La nouvelle philosophie de l'histoire qui s'esquisse au XVIIIe siècle donnera aux civilisations découvertes depuis la Renaissance toute leur place, dans une optique explicitement opposée à la théologie, l'ampleur du dessein divin s'éclipsant au profit de l'universalité de la raison et de la nature humaine.

C'est la cité des hommes et non celle de Dieu que la nouvelle philosophie de l'histoire, laïcisée, assigne comme but à celle-ci. Le rationalisme scientifique tend à éloigner la vision pessimiste traditionnelle de l'histoire comme chute et décadence. Le progrès des connaissances et des techniques doit favoriser un perfectionnement général tant des mœurs que du bonheur, et même de la moralité.

Aussi est-ce vers l'avenir plus que vers le passé que se portent les interrogations. Les vingt années précédant 1789 voient paraître en Allemagne un grand nombre de synthèses historiques qui cherchent à faire un bilan de l'évolution, à déceler dans l'histoire un sens, un progrès, à y articuler des étapes, des «âges».

Avec l'*Idée d'une histoire universelle*, s'ouvre une voie nouvelle. Kant introduit dans la pensée philosophique de l'histoire, comme il l'a fait ailleurs, une «révolution copernicienne»: d'abord, le moteur de l'histoire n'est plus la Providence divine, mais la nature, concept auquel s'attache une double connotation: anthropologique* – la nature humaine, à la fois passionnelle et raisonnable – mais aussi cosmologique, en tant qu'elle déborde largement les hommes comme individus et s'applique à leur espèce à travers les générations.

Toute théologie et cosmologie mises à part, le moteur essentiel est l'antagonisme immanent à la nature des passions, qui se révèle puissance positive, créatrice de progrès: la finitude* de l'homme (sa «courbure», sa méchanceté) est paradoxalement le facteur de son perfectionnement.

De plus, Kant fixe un but précis à l'évolution historique et ce but est politique: l'avènement d'une société où l'homme actualisera pleinement son humanité dans une «union civile parfaite» dont les rapports avec les autres communautés seront eux-mêmes régis par le droit.

Enfin et surtout, si Kant traite la nature comme une Providence, ce n'est pas que l'histoire obéirait à une loi métaphysique de développement dont le philosophe aurait connaissance. C'est que l'appel à une telle nature est nécessaire à ce dernier pour penser une histoire de la liberté. La nature-providence présuppose l'abandon de la nature au sens antique – la *phusis* et sa téléologie* – qui, avec les pensées d'un nouveau droit* «naturel», a marqué la modernité.

▶▶ **2. La publication de l'œuvre**

«Tenter une histoire philosophique»: tel est, résumé par Kant en conclusion, le projet de l'article de novembre 1784, publié dans la *Revue mensuelle berlinoise (Berlinische Monatsscrift)* qui deviendra l'*Idée d'une histoire universelle au point de vue cosmopolitique*. En fait, le projet, comme le rappelle sa Neuvième et dernière Proposition, est avant tout juridique et politique: la «parfaite union civile», nationale et internationale, est le «problème le plus important pour l'espèce humaine». Ce problème, Kant le formule dans les termes du progrès et de l'histoire: l'homme peut-il espérer quelque chose d'une histoire qui déçoit ses plus hautes aspirations? Plus précisément: les lois de la nature ont-elles des effets sur la vie sociale ou bien cessent-elles bizarrement de s'appliquer et la nature devient-elle anarchique lorsqu'il s'agit de l'homme? Existe-t-il quand même en celle-ci un ordre, «un cours régulier»? Formulée ainsi dans l'introduction à l'*Idée d'une histoire universelle*, la question constitue un lieu commun à l'époque.

C'est la première fois que Kant prend position sur l'histoire et le progrès. Il le fait à la demande des lecteurs : en février 1783, dans le *Journal des savants* de Gotha (ville d'Allemagne orientale), dans la rubrique « Nouvelles en bref », on pouvait lire cette annonce : « Le prédicateur Schultz* est en train de vulgariser la *Critique de la raison pure* en la traduisant dans un langage accessible au grand public et il dit : "C'est une idée chère à Monsieur le Professeur Kant que le but final de l'humanité est d'atteindre la constitution politique la plus parfaite ; il souhaite qu'un historien philosophe veuille bien entreprendre de nous livrer à ce sujet une histoire de l'humanité en nous montrant comment cette dernière à ses différentes époques se rapproche ou s'éloigne de son but et qu'il nous indique enfin ce qu'il nous reste à faire pour parvenir à ce but" ». Kant, au début de son article de 1784, rappelait cette annonce, précisant qu'il s'agissait sans doute de l'écho d'une « conversation » qu'il avait eue « avec un savant de passage ».

▶▶ 3. L'œuvre dans les débats de son temps

1784 constitue donc une date charnière : Kant intervient dans le débat public concernant le statut du progrès et la valeur des Lumières au moment même où la *Critique de la raison pure,* parue trois ans plus tôt, commence à mobiliser l'attention générale. Son article, très attendu, obtint un grand succès et fut réédité plusieurs fois de son vivant. Schiller* y découvrit celui dont il allait devenir le disciple, mais le jeune Fichte* (22 ans), déjà « kantien », n'attendra pas longtemps pour réagir : qu'est-ce que cette providence naturaliste qui prépare l'histoire pour l'homme ? Au moment de fonder le politique, Kant renierait-il sa philosophie de la liberté ?

Dans la controverse, Kant dispose des armes redoutables qu'il a forgées dans la *Critique de la raison pure*, et qui sont des instruments infaillibles pour reconnaître les deux grandes impasses que doit éviter la pensée : le **dogmatisme** : croire qu'il est possible de connaître ce qui excède les limites de la connaissance, c'est-à-dire l'expérience ; le **scepticisme** : renoncer à penser ce qu'il est impossible de connaître. Kant établit qu'il est possible de penser ce qu'on ne peut connaître ou expérimenter, et qu'il y a même là le besoin le plus profond de la raison, mais que ce besoin a sa rigueur et ne peut être satisfait par des idées qui ne soient pas rationnelles.

Or, en plein siècle des Lumières, font retour des formes nouvelles d'obscurantisme : Hamann*, Jacobi* revendiquent l'irrationalisme, la puissance des forces obscures, la supériorité des traditions, des sentiments, de la foi sur la claire raison.

Avec la valeur de la raison se trouvent mises en question, d'une part l'unité de l'histoire, d'autre part la croyance au progrès. Kant n'enfonce pas des portes ouvertes lorsque dans l'*Idée d'une histoire universelle,* il établit la possibilité de « se représenter l'histoire » sous la forme d'un « développement progressif et continu » : le pessimisme concernant l'avenir est alors plus répandu qu'on ne croirait et n'est pas l'apanage des seuls théoriciens réactionnaires. Rappelons-nous le sujet mis au concours par l'Académie de Dijon auquel Rousseau* répondit dans le *Discours sur les sciences et les arts* (1750) : « Si le rétablissement des sciences et des Arts a contribué à épurer les mœurs ». Chez les plus optimistes, l'adhésion aux bienfaits de la civilisation* rencontre facilement des limites ; c'est le cas chez Voltaire, dont l'ironie traduit une conscience aiguë de l'absurdité de l'histoire.

Ce qui caractérise la pensée des Lumières, c'est la confiance dans la raison, qui a su produire la civilisation et un début d'émancipation ; cela devrait favoriser le progrès moral et l'avancée vers une société juste. Or cette vue positive de l'avenir rencontre une double opposition : non seulement venant des ennemis des Lumières, mais aussi de la part de certains penseurs des Lumières qui n'admettent pas l'idée d'une histoire une et universelle, d'une unité de l'humanité et d'un progrès uniformément orienté.

Ceux qui, parmi les ennemis des Lumières, représentent le mieux l'esprit conservateur et seront la cible de Kant, sont les théoriciens dits « contre-révolutionnaires » : l'anglais E. Burke* et son disciple allemand W. Rehberg. La conception de l'histoire comme réalisation progressive d'une vocation morale du genre humain leur paraît l'expression achevée de l'arrogance d'une espèce rendue ivre d'elle-même par sa rupture avec des absolus séculaires. Pourquoi l'homme attendrait-il de l'avenir mieux que des acquis du passé, de traditions ayant fait leurs preuves ? Car l'homme n'est pas perfectible : sa raison débile est toujours tentée de servir ses passions. Il convient, non de déchaîner sa liberté, mais de la juguler par un pouvoir autoritaire.

Contre l'idée d'humanité universelle, menace pour les privilèges, la pensée réactionnaire prône le concret, le mépris des idées au nom des racines. Le Burke français, Joseph de Maistre, écrira : « Il n'y a point d'*homme* dans le monde. J'ai vu des Français, des Italiens, des Russes, etc. Je sais même, grâce à Montesquieu, qu'on peut être Persan : mais quant à l'homme, je déclare ne l'avoir rencontré de ma vie ; s'il existe, c'est bien à mon insu » (*Considérations sur la France*, O.C., t. 1, p. 74). Contre les théoriciens (Rousseau, Kant) et leurs systèmes politiques, Burke proclame qu'« il vaut mieux confier le pouvoir à un fermier ou à un médecin qu'à un professeur de métaphysique » et Rehberg dénoncera « la manie des théories » dans l'Assemblée nationale française. Voilà bien, pour Kant, ce qui s'appelle aborder l'histoire avec des « yeux de taupe fixés sur l'expérience » et non comme on doit le faire, « avec les yeux donnés en partage à un être fait pour se tenir debout et regarder le ciel » (*Sur le lieu commun*).

Quant aux hommes des Lumières, on les croirait à tort acquis à l'idée du progrès et même à celle d'humanité ! Les trois principaux auteurs de « philosophies de l'histoire », G.E. Lessing*, M. Mendelssohn* et J.-F. Herder*, affirment tous, apparemment, une évolution générale vers le mieux et un plan de la Providence, et même, quant à Herder, de la nature. Cependant pour Mendelssohn, l'humanité est « en même temps enfant, adulte et vieillard, mais en différents lieux et dans des parties différentes du globe ». Il exclut tout progrès d'ensemble : l'histoire n'est pas un pur tissu de folies, mais pas non plus le champ d'un progrès uniforme ; elle contient une égale et constante quantité de réussites et d'échecs, de bonheur et de malheur. L'homme poursuit son chemin mais l'humanité oscille constamment de haut en bas et de bas en haut dans des limites déterminées. C'est là ce que Kant nomme la conception « eudémoniste » de l'histoire. De l'avis d'Alexis Philonenko, l'*Idée d'une histoire universelle* « est un écrit principalement rédigé contre Mendelssohn » (*L'Œuvre de Kant,* Vrin, t. II., p. 149).

Les arguments de Herder contre l'histoire universelle sont encore plus percutants – et éclairants –, par contraste, pour l'*Idée d'une histoire universelle*. Théoricien du *Sturm und Drang** où s'exprime une puissante vague d'irrationalisme, disciple de Hamann et de Jacobi, Herder donne le pas sur la raison aux forces obscures : ce qui soude les sociétés, plus qu'une bien abstraite destination raisonnable, ce sont les liens affectifs inconscients, les affinités irrationnelles qui les ont façonnées depuis la nuit des temps. Chaque peuple a donc *son* histoire – son enfance, sa maturité, son déclin. Chacun a sa vision du monde qui est parfaite en son genre, a son propre « progrès » qui n'est autre que son mouvement interne vers l'équilibre où il jouira de son « bonheur ». Herder posait là les bases d'un « historicisme », d'un « relativisme » historique. La réduction de toute idée et de toute valeur à une expression historique particulière devait trouver un large écho et avoir de beaux jours devant elle, de l'apologie de « l'esprit des peuples » à celle de la « différence », dans des contextes variés (romantisme, nationalisme, culturalisme, écologie).

Arrêtons-nous un moment sur le terme *historicisme* : il désigne un primat de l'histoire mais qui peut prendre deux formes pratiquement opposées, même s'il est possible de leur chercher une parenté profonde. Il peut s'agir soit d'un franc relativisme historique (Herder), soit de l'affirmation d'un sens de l'histoire qui conduit l'humanité vers un état supérieur de rationalité ; le terme s'applique alors parfaitement aux philosophies de l'histoire de Hegel, Marx ou Auguste Comte – mais avant tout, il faut le dire, à celle de Hegel où l'histoire est le « Tribunal suprême ». Il est beaucoup plus discutable de l'appliquer à Kant, pour qui le sens de l'histoire n'est pas déterminé mais produit par une volonté* morale libre, en partie opposée à la nature, en partie favorisée par elle.

▶▶ 4. Le dernier providentialisme

Le style parfois dogmatique de l'opuscule a pu créer le doute : Kant ne retrouve-t-il pas la formulation du finalisme, l'usage d'une finalité externe, en ajoutant un discours théologique (« la Providence ») à un discours anthropomorphique (« la nature veut »)? Fichte jugea Kant infidèle à sa révolution philosophique : justifier l'histoire par une Providence, fonder le politique non sur la liberté consciente et volontaire, mais sur la médiation d'un droit et d'une société «extorquée», voilà bien un «décret de la Raison» qui, tout à coup, affirme nécessaire ce qu'elle avait établi comme un «possible inconcevable»! On a pu dire que Kant «mêlait le legs de Bossuet et le legs de Rousseau», Dieu et une conception laïcisée de l'histoire, «une théologie de la tradition chrétienne et une réflexion éthique propre à l'ère des Lumières» (voir G. Bourdé, H. Martin, *Les Écoles historiques*, 1983, cité in J. Lefèbvre, *Pour la paix perpétuelle*, P.U. de Lyon, p. 39). On a pu également l'en excuser en disant qu'il ne faisait que «juxtaposer» ces points de vue, après avoir infléchi le point de vue théologique vers une téléologie de la seule nature, laquelle prend complètement la place de la Providence divine.

Kant a lui-même précisé son usage de l'analogie avec la finalité naturelle et reconnu qu'il fait un usage anthropomorphique de la Providence, mais qu'il s'agit non d'un anthropomorphisme dogmatique* (disant: le monde et l'histoire sont la création d'une Providence comme l'horloge est l'œuvre de l'horloger), mais d'un anthropomorphisme symbolique, «qui ne concerne que le langage et non l'objet lui-même» (*Prolégomènes à toute métaphysique future*, §§ 57, 58, Vrin, p. 146). La téléologie kantienne, non naturelle mais morale, considère l'homme comme fait par la nature pour remplir sa destination d'être moral dans la nature, en tant qu'il n'est pas un être de la nature, mais dépasse celle-ci par sa propre finalité morale. Il s'agit plus «d'une philosophie de l'espérance que d'une théorie du progrès» (J.M. Muglioni, *La Philosophie de l'histoire de Kant*, PUF, p. 53).

La pensée post-kantienne de l'histoire abandonnera toute lecture providentialiste. Hegel n'a plus besoin d'un auteur moral de la Création pour accorder la nature avec une liberté qui se pense dans la forme du concept et qui a le pouvoir non seulement de s'opposer à la nature, mais de triompher de cette opposition. L'esprit engendre sa propre nature pour s'accomplir dans ce monde du droit et de l'État, où Kant ne voyait encore qu'une condition du règne de la moralité. La ruse de la nature devient alors la ruse d'une raison absolue qui n'a rien en dehors de soi et «laisse agir à sa place les passions», celles des grandes individualités qui la réalisent dans la contingence de l'histoire.

De nos jours, une fois remise en question l'identité foncière du particulier et de l'universel, toute rationalisation excessive de l'histoire, l'*historicisme* – au sens de relativisme historique – tend à dominer. Il a pris, chez Heidegger, une forme extrême: l'idée de nature s'évanouit et avec elle l'espérance en une vocation universelle de l'humanité unifiant les hommes à l'intérieur d'un projet commun.

Problématiques essentielles

▼

L'espèce humaine a une histoire : cette histoire a-t-elle un sens ?

La question que pose Kant au début de l'*Idée d'une histoire universelle*, et qui est au centre de la problématique de cet opuscule, peut être immédiatement comprise de tout lecteur, qu'il soit philosophe ou non : Est-il possible de voir dans l'histoire un ordre plutôt qu'un chaos ? Peut-on dégager une orientation sensée du devenir humain ?

Confronté à deux positions extrêmes – le pessimisme radical de l'abdéritisme qui s'appuie exclusivement sur le constat de la folie destructrice des hommes et ne voit qu'un déroulement insensé et tragique dans l'histoire empirique, et l'optimisme utopique des *Aufklärer*, confiants en la capacité de l'homme à se conduire un jour en être raisonnable –, Kant s'appuie sur la finalité qui règne incontestablement dans tout le règne animal pour s'interroger sur le sens et la destination de l'espèce humaine. Si les dispositions en germe dans chaque espèce sont appelées à un complet développement, ne doit-il pas en être de même pour la raison, disposition spécifiquement humaine ?

▼

Que signifie alors en nous la présence de la raison et quel en serait le parfait accomplissement ?

Ce n'est pas le bien-être puisque l'instinct y parviendrait plus sûrement. La présence en nous de la raison et de la liberté signifient que la nature nous réserve une destination plus haute que le bien-être et le bonheur : la vraie finalité de la raison ne peut être que sa destination morale. *Aufklärer* atypique, Kant n'interprète pas la raison comme un pouvoir triomphant vouant l'homme à la seule expansion matérielle et les sociétés à la richesse et au raffinement. Comme Rousseau, il sait que l'homme ne peut atteindre de vraie satisfaction qu'en se rendant digne de sa propre destination morale. Tel est le présupposé philosophique de Kant.

Mais l'individu mortel peut-il réaliser, dans la brièveté de sa vie, le parfait accomplissement de cette disposition qu'est la raison ?

Puisque la raison n'agit pas avec la sûreté de l'instinct, qu'elle a besoin « de tâtonnements et d'essais et d'enseignements pour progresser peu à peu », il faudrait pour chaque homme une vie illimitée. Dès lors, seule l'idée que la nature dirige malgré nous le cours de notre histoire en nous forçant à actualiser les dispositions de notre espèce dans la succession des générations, autorise à fonder une philosophie optimiste de l'histoire. Seul le passage de l'individu mortel à l'espèce immortelle peut servir de fondement à tout l'édifice du progrès social, culturel, juridico-politique et éthique.

La plus haute destination de l'homme réside donc dans la prise de conscience de son éminente dignité d'être libre et raisonnable, du respect qui lui est dû en tant que tel. Quelles sont alors les conditions de l'accomplissement nécessaire de cette vocation morale ?

Une première étape : la fondation de la société civile et d'un ordre juridico-politique

Le plus grand problème pour l'espèce humaine, et le plus difficile à résoudre, est celui d'une « constitution civile parfaitement juste ».

L'originalité de Kant est de montrer que la genèse d'une société civile n'est pas le fruit d'une décision commune librement consentie mais d'un processus purement mécanique, d'un accord pathologiquement extorqué. C'est la nature qui procède au choix des moyens, à savoir le déchaînement conflictuel des passions, l'« insociable sociabilité » qui, sous l'effet de l'insécurité, contraignent les hommes à se soumettre à une loi commune. Les passions égoïstes deviennent paradoxalement principe d'ordre et de progrès.

Mais est-ce le « tout moral », c'est-à-dire une communauté d'êtres libres et raisonnables unis par une reconnaissance commune de la loi morale, qui est extorqué ? L'ordre juridico-politique, la culture et la civilisation qui l'accompagnent, sont-ils la condition nécessaire et suffisante de la réalisation de la moralité dans la société civile ?

Il n'en est rien pour Kant : il n'y a pas de conversion directe du pathologique en pratique, la nature ne pouvant rendre moralement bon. Toutefois, Kant ne lève pas totalement l'ambiguïté entre l'ordre juridico-politique et l'ordre moral comme en témoignent les Propositions V et VI où il semble introduire une dimension éthique dans une perspective strictement naturaliste : le plus grand problème pour l'espèce humaine, celui que la nature contraint l'homme à résoudre, est d'atteindre une société civile administrant le droit universellement. Autrement dit, comme Kant le précise plus loin, le problème le plus difficile que l'espèce doit résoudre est celui « d'une constitution civile parfaitement juste ».

Or, si la société civile est pathologiquement extorquée, la fondation du droit est dénuée au départ de toute détermination éthique. C'est par le jeu des forces en présence, la friction des égoïsmes qui entraîne une limitation constante des volontés particulières, que s'impose la contrainte du droit dans le prolongement du processus purement mécanique. La fondation de la société civile n'est pas une oeuvre délibérée de la raison pratique. Elle ne fait appel qu'à une liberté éclairée soumise à l'intelligence, sans référence à la morale, comme le montrera dans le *Projet de paix perpétuelle*, l'aptitude d'un peuple de démons à se doter d'une constitution civile parfaite. Or, une constitution « parfaitement juste » ne suppose-t-elle pas un législateur capable de rédiger des lois justes, un souverain capable d'administrer le droit en toute justice ? Telle est cette aporie qui fait rebondir la problématique.

La solution au plus grand problème pour l'espèce humaine, à savoir une « constitution civile parfaitement juste », est-elle possible ou impossible ?

Après en avoir fait, comme plus tard dans le *Projet de paix perpétuelle*, le résultat de la ruse de la nature par le biais de l'insociable sociabilité, Kant affirme, à la fin de la Proposition VI : « Cette tâche est la plus difficile de toutes et, à vrai dire, sa solution parfaite est impossible […] La nature ne nous impose que de nous rapprocher de cette idée. »

Pour lever l'ambiguïté du texte, ne faut-il pas admettre :

1. que la réalisation du droit peut résulter, dans une certaine mesure, d'un processus mécanique, « pathologiquement extorqué », comme en témoigne la métaphore de la forêt ?

2. mais que l'idée d'une constitution parfaitement juste est une idée régulatrice, un idéal de la raison pratique dont on ne peut que se rapprocher et dont la limite asymptotique est l'indication d'une tâche infinie à accomplir ?

Cette tâche infinie, bien que devant être assumée par la personne libre et raisonnable au cours de son existence, ne peut se réaliser dans les limites brèves d'une existence finie. La fin ultime de l'humanité ne peut donc être envisagée que dans la succession infinie des générations.

Une deuxième étape : la société cosmopolitique

Le développement de la problématique n'est pas achevé pour autant. Si la constitution civile parfaite, jugée impossible concrètement, reste en tant qu'idée de la raison pratique une tâche pour l'humanité, la réflexion de Kant va se poursuivre désormais sur un mode hypothétique : à supposer que la société civile parfaite soit pensable, quelles seraient les conditions de son instauration progressive ?

C'est dans une perspective universaliste, non seulement dans le temps (c'est-à-dire dans la succession indéfinie des générations) mais aussi dans l'espace (c'est-à-dire dans les relations qu'entretiennent toutes les nations de la planète), que la question du sens de l'histoire et du progrès de l'humanité se pose dorénavant. Kant est conduit logiquement à envisager la fin ultime de l'humanité comme un idéal cosmopolitique, autrement dit comme l'unification progressive du genre humain, la conscience pour chacun d'appartenir solidairement en tant que citoyen du monde à une république idéale d'êtres raisonnables. D'où cette dernière étape de la problématique :

À quelles conditions cet idéal cosmopolitique est-il possible ?

Dans l'état de nature entre les États, c'est-à-dire en l'absence d'une juridiction internationale garantissant leur sécurité, la guerre est une réalité quasi permanente. Une victoire, un traité peuvent mettre fin à une guerre en cours : ils ne mettent pas fin à l'état de guerre.

L'originalité de Kant est de montrer que si la violence initiale a fondé l'État, condition première de tout progrès, la même violence est à l'œuvre entre les États, et c'est d'elle qu'on peut attendre une forme d'association, qui leur apportera paix et sécurité. Telle est la ruse de la nature qui, ici encore, conduit à la concorde par le moyen de l'antagonisme et de la discorde. L'établissement d'une coexistence pacifique entre les États ne peut être le fruit d'une décision raisonnable, mais résulte d'abord d'un processus extorqué. Toutefois, par la suite, l'homme, prenant conscience de cette fin ultime, doit en faire la tâche primordiale de l'humanité et, moralement, c'est un devoir d'y travailler : au progrès qui s'effectue sans l'homme doit se substituer le progrès voulu et assumé par l'homme.

Mais si la paix comporte une exigence d'arbitrage supranational, faut-il pour autant envisager l'établissement d'un gouvernement mondial ? Kant attire ici notre attention sur la difficulté inhérente à la réalisation de l'idée cosmopolitique.

D'une part, il reconnaît le caractère utopique d'un État cosmopolitique ; en effet, la nature a séparé elle-même les peuples et les a poussés à entrer en conflit afin de mieux accomplir son dessein ; d'autre part, une hégémonie universelle ne risque-t-elle pas de dégénérer en despotisme (voir T.P., Vrin, p. 56) ?

Quel peut être alors le fondement d'une coexistence pacifique des États ?

Il n'y a pour Kant de solution que dans une fédération d'États libres à caractère volontariste, dont la législation internationale reste toujours révocable. Kant aborde ici le problème juridique d'une société des nations dont le statut est nécessairement ambigu. En cas de conflit, il faut que soit surmontée la contradiction entre le respect de la souveraineté des États membres et leur soumission à une législation internationale commune. Il faut aussi que les décrets réglant les rapports entre les États fédérés s'imposent grâce à une force au service du droit international, force qui soit plus forte que le plus fort des États.

Mais cette force ne suffirait pas si la concertation des États n'était rendue possible par leur propre constitution civile, que Kant considère comme déterminante pour leur coexistence pacifique. Or seul le républicanisme a déjà une visée cosmopolitique par sa conception de la citoyenneté et par son respect des droits de l'homme.

Une deuxième aporie demeure cependant, que nous avons déjà rencontrée au niveau de l'institution de la société civile. Dans ce nouveau contexte, le problème peut se formuler ainsi : le cosmopolitisme est-il une situation juridico-politique, une fin au sens de l'achèvement de l'âge des guerres dans l'histoire ? ou bien s'agit-il d'une fin, au sens d'un idéal de la raison, d'une foi pratique dans le sens moral de l'histoire, qui représente un devoir et une tâche infinie pour la liberté d'un être raisonnable ?

Résumé - Guide de lecture

Idée d'une histoire universelle au point de vue cosmopolitique

▶▶ **Introduction**

1. De « *Quel que soit le concept...* » jusqu'à « *...des dispositions originelles* ».

Dans un premier point, Kant commence par rappeler ce qu'il a établi dans la *Critique de la raison pure* : si l'homme, en tant qu'être raisonnable, a une volonté libre, les manifestations sensibles de son comportement sont déterminées comme n'importe quel autre phénomène de la nature. On peut donc affirmer le caractère globalement déterminé des actions humaines, dans le sens d'un développement continu et régulier des dispositions originelles de l'espèce.

2. De « *Ainsi, par exemple...* » jusqu'à « *...leur importerait cependant assez peu* ».

L'analyse des régularités statistiques dans le domaine des phénomènes naturels s'applique aux activités humaines : en effet, en se plaçant d'un point de vue statistique, on peut dégager, à défaut de lois universelles comme celles de la nature :

a) un ordre et une régularité d'ensemble dans le déroulement des actions humaines ;

b) un sens et une finalité du devenir humain, que Kant interprète comme un dessein, un plan caché de la nature, qui se développe à l'insu des individus et au-delà des caprices et de l'arbitraire de leurs volontés particulières.

3. De « *Étant donné que les hommes...* » jusqu'à la fin de l'introduction.

a) Jusqu'à « *... en ce qui les concerne* » : les actions humaines ne peuvent être assimilées ni au comportement aveugle et prédéterminé de l'instinct, comme chez l'animal, ni à la conduite d'un être de pure raison qui poserait librement ses fins.

b) Jusqu'à « *...si imbue de sa supériorité* » : Kant fait un constat pessimiste et sans illusion, sur le plan anthropologique, de l'histoire réelle. L'homme est écartelé entre son animalité et sa vocation morale, et c'est cette dualité de sa nature qui rend compte du mal, de la succession de folies meurtrières que révèle l'histoire d'une humanité pourtant « si imbue de sa supériorité ».

c) Jusqu'à la fin : peut-être la contradiction pourrait-elle être levée entre l'histoire telle que l'homme voudrait pouvoir l'« espérer » – avec un cours régulier où ses actions auraient un sens –, et l'histoire telle qu'elle apparaît, comme désordre et devenir insensé. À défaut de pouvoir dégager des fins individuelles raisonnables, le philosophe ne pourrait-il pas, en se plaçant du point de vue global du devenir de l'espèce humaine, découvrir un « dessein de la nature », une finalité cachée, qui servirait de fil conducteur pour redonner sens à l'aventure humaine ?

L'histoire philosophique permettrait alors à l'historien de rédiger l'histoire réelle en fonction de ce fil conducteur.

▶▶ Première Proposition

Kant part du constat que les créatures naturelles obéissent toutes au principe de finalité et non au hasard : aucun animal n'est pourvu d'un organe, d'une faculté ou d'un pouvoir qui n'ait son utilité ou une fin déterminée. Ainsi, les créatures naturelles possèdent des dispositions en germe dont tout montre qu'elles sont destinées à se développer complètement.

▶▶ Deuxième Proposition

1. De « *Chez l'homme…* » jusqu'à « *…d'un degré d'intelligence à un autre* ».

La raison, disposition spécifiquement humaine, n'atteint pas d'emblée, comme l'instinct, son parfait accomplissement. Ne connaissant aucune limite, elle procède par tâtonnements et relève d'un apprentissage par degrés.

2. De « *C'est pourquoi…* » jusqu'à « *… à son dessein* ».

L'homme ne peut donc atteindre le plein développement de cette disposition dans les limites étroites d'une vie individuelle mortelle. Appelé par la nature à une destinée tellement supérieure à l'animal, il ne peut la réaliser que dans la succession indéfinie des générations, c'est-à-dire dans l'immortalité de l'espèce.

3. De « *Et cette époque doit être…* » jusqu'à la fin.

L'homme doit prendre conscience que c'est dans la suite des générations que doit se réaliser le parfait accomplissement de sa raison afin d'y collaborer et d'en faire le but de ses efforts ; sinon la raison apparaîtrait chez l'homme comme une disposition vaine puisque dépourvue de cette finalité.

▶▶ Troisième Proposition

1. De « *La nature…* » jusqu'à « *…d'une existence à ses débuts* ».

La nature ne fait rien en vain et il en résulte qu'elle ne crée rien de superflu. Tout se passe comme si, en créant l'homme beaucoup plus démuni que l'animal à sa naissance, la nature avait voulu qu'il ne doive qu'à lui-même, à sa raison et à sa liberté, toute la perfection dont il est capable.

2. De « *Comme si elle voulait...* » jusqu'à « *... n'en être redevable qu'à lui-même* ».

Ainsi, si l'homme n'est rien au départ et qu'il a entièrement à se faire, c'est par le travail qu'il est livré à l'entière responsabilité de sa réalisation.

3. De « *C'est aussi comme si elle tenait davantage...* » jusqu'à « *...par sa conduite de la vie et du bien-être* ».

Mais puisque le bien-être peut être obtenu plus aisément par l'instinct, la présence en nous de la raison révèle que la nature nous destine à une fin plus élevée que le bien-être et le bonheur, à savoir l'estime raisonnable de soi ou la vertu qui consistent à nous rendre dignes, par notre conduite, de la vie et du bonheur.

4. De « *Il reste toujours ici...* » jusqu'à la fin.

Mais n'est-il pas incompréhensible de devoir admettre qu'une génération sacrifie tous ses efforts et son travail à préparer un bonheur que seules connaîtront les générations ultérieures ? On ne peut admettre la nécessité d'un tel sacrifice qu'en prenant conscience que la raison ne peut atteindre son plein accomplissement que dans l'immortalité de l'espèce.

▶▶ Quatrième Proposition

1. De « *Le moyen dont se sert la nature...* » jusqu'à « *...enclin de son côté à résister aux autres* ».

Le moyen que la nature utilise pour réaliser son dessein, à savoir l'accomplissement de l'homme, est l'*insociable sociabilité*, mixte déconcertant de sociabilité et d'insociabilité. L'homme tiraillé entre deux penchants opposés tend à la fois à rechercher la société de ses semblables et à entrer en conflit avec eux.

2. De « *Or, c'est cette résistance...* » jusqu'à « *...tout moral* ».

Cet antagonisme a sa source dans les passions égoïstes des individus, leur ambition, leur soif de domination, et celles-ci sont un aiguillon puissant pour le développement des dispositions originelles : elles en décuplent la force, les transforment et obligent les hommes à s'élever et à se dépasser. Ainsi l'*insociable sociabilité* est paradoxalement le principe générateur de tout progrès et elle entraîne l'humanité vers une lente ascension où l'ingéniosité technique, le progrès des Lumières, du droit, constituent la valeur sociale de l'homme.

Ce processus, d'abord extorqué, c'est-à-dire purement mécanique et arraché à l'homme à son insu, révèle la ruse de la nature et s'avère être la médiation nécessaire dans le passage à la moralité qui, elle, ne peut s'accomplir sans l'action lucide et délibérée d'une volonté raisonnable.

3. De « *Sans ces qualités...* » jusqu'à « *...sans se développer* ».

Sans l'aiguillon de l'*insociable sociabilité* qui pourtant met à tout instant en danger les progrès acquis, les virtualités de l'homme resteraient à l'état de germe et l'humanité sommeillerait, sans se développer, comme à l'époque mythique des bergers d'Arcadie, que l'histoire n'a pas arrachés à leur bonheur apathique.

4. De « *L'homme veut la concorde...* » jusqu'à la fin.

Certes la nature, qui est une sage Providence, n'a pas voulu le mal car celui-ci est lié à la contingence et à la liberté de l'homme. Mais elle s'en sert comme un moyen pour qu'il concoure au bien. L'*insociable sociabilité* ne peut donc que démontrer « l'ordonnance d'un sage créateur ».

▶▶ Cinquième Proposition

1. Du début jusqu'à « *...l'accomplissement de cette tâche* ».

La stratégie de la nature contraint l'homme à résoudre « le plus grand problème pour l'espèce humaine » : l'établissement d'un ordre juridique qui garantisse la coexistence des libertés au sein d'une société civile. En effet, le dessein suprême de la nature est que, pour parvenir au plein développement de ses dispositions, l'homme soit contraint de s'organiser en une société civile qui réalise la synthèse de deux exigences contradictoires :

a) favoriser le libre jeu des rivalités en maintenant le plus haut degré de liberté ;

b) empêcher que cette liberté n'empiète sur celle des autres : cela suppose un pouvoir et une force publique qui l'emportent de façon irrésistible sur les volontés particulières – ce qui définirait une constitution parfaitement juste.

2. De « *C'est la détresse...* » jusqu'à « *...leur meilleur effet* ».

La liberté sauvage qui est celle des hommes à l'état de nature engendre la pire des détresses qu'ils s'infligent mutuellement lorsqu'ils donnent libre cours à leurs passions antagonistes. Et c'est cette détresse qui les force à s'unir et à accepter la contrainte d'un ordre juridique.

3. De « *Ainsi, dans une forêt...* » jusqu'à « *...germes de la nature* ».

Ainsi Kant présente-t-il l'ordre social, toutes les formes de la culture et de la civilisation, comme résultant d'un processus purement mécanique, qu'illustre la métaphore de la forêt : les hommes vivant en société sont contraints de pousser droits, de se dresser réciproquement parce qu'ils sont dressés les uns contre les autres.

▶▶ **Sixième Proposition**

1. Du début jusqu'à « *...chacun puisse être libre* ».

   La difficulté propre au problème politique vient de la nature sensible de l'homme chez qui les passions égoïstes résistent à la raison. Il faut donc un maître pour dresser la créature à qui la raison ne suffit pas.

2. De « *Mais où prend-il ce maître ?...* » jusqu'à « *...exerce un pouvoir d'après les lois* ».

   Mais quel que soit le souverain qu'il se donne, celui-ci sera toujours un homme et, comme tel, soumis à ses penchants naturels qui le poussent à se soustraire à la raison. Le problème ne fait que rebondir.

3. De « *Or le chef suprême...* » jusqu'à la fin.

   Le souverain doit être juste par lui-même, c'est-à-dire par la seule disposition naturelle de sa volonté et non parce qu'il est contraint. Dès lors une solution parfaite est impossible puisque l'homme est naturellement et irrémédiablement courbé.

   Le redressement de l'homme n'est plus, dans cette proposition, un processus purement mécanique : Kant associe à la contrainte exercée par le maître l'appel à la volonté bonne. La constitution parfaitement juste ne peut être qu'une limite asymptotique, l'indication d'une tâche infinie à accomplir.

▶▶ **Septième Proposition**

1. Du début jusqu'à « *...état de calme et de sécurité* ».

   Le problème, insoluble au niveau d'un État isolé, va se poser dans des termes analogues au niveau des rapports entre les États. Chaque État est une communauté particulière et les États se comportent les uns par rapport aux autres comme les individus à l'état de nature, c'est-à-dire selon le principe de l'antagonisme qui prend ici la forme de la guerre.

2. De « *Ainsi au moyen des guerres...* » jusqu'à « *...comme un automate* ».

   L'état de guerre étant une réalité permanente dans le monde engendre une situation de détresse analogue à celle qui pousse, dans l'état de nature, les individus à entrer dans une société civile régie par des lois. C'est donc encore la nature prévoyante qui utilise la folie meurtrière pour amener l'homme là où la raison aurait dû le conduire sans la guerre. Il est donc utopique de penser que l'établissement d'une coexistence pacifique puisse être le fruit d'une décision raisonnable ou de la sagesse des nations. Elle ne peut résulter que d'un processus extorqué comme ce fut le cas de la société civile de chaque État pris individuellement.

   La détresse née de la guerre contraint peu à peu les États à s'orienter vers la création d'une fédération des nations garantissant leur sécurité ; de sorte que chaque État, même le plus petit, soit assuré en cas de conflit d'une solution légale qui ne relève ni «de sa propre force, [ni] de sa propre appréciation du droit», mais d'une juridiction internationale et de la force unie de cette grande société des nations.

Il ne s'agit pas, à proprement parler, d'un État supranational, mais d'une union des États, qui n'a qu'un rapport de similitude avec un véritable État. Cette union suppose réalisées deux conditions :

a) que chaque État ait la meilleure constitution interne possible (qui ne peut être que républicaine) ;

b) que les États, tout en conservant leur souveraineté, obéissent à une législation commune sur le plan des relations extérieures. Kant insiste sur le fait que cette coexistence pacifique des États se réalise et se maintient par le simple jeu mécanique des forces.

3. De «*Doit-on maintenant attendre…*» jusqu'à «*…secrètement lié à une sagesse*».

Kant rejette l'abdéritisme qui exclut la finalité et attend du seul hasard la réunion des États. Il écarte également la théorie eudémoniste de Mendelssohn qui, en excluant tout dessein de la nature, rejoint la théorie du hasard : il suppose en effet que tout progrès est contrebalancé par un déclin, si bien que la civilisation peut à tout moment sombrer dans le néant.

4. De «*Ce qui revient à peu près…*» jusqu'à «*…ne se détruisent pas les unes les autres*».

Le même principe, selon lequel la finalité étant reconnue dans les parties peut être affirmée du tout, permet de comprendre le processus par lequel les nations sont amenées à s'unir dans «une situation cosmopolitique de sécurité publique entre les États», comme les individus y avaient été nécessairement conduits à l'intérieur de chaque État.

5. De «*Tant que ce dernier pas…*» jusqu'à la fin.

Tant qu'une situation cosmopolitique n'est pas instaurée en ce monde, l'humanité, à mi-chemin de sa course, n'est encore que civilisée et non moralisée. Les progrès réalisés ne manquent pas d'être ambigus car le bien-être et tous les signes extérieurs d'une société hautement policée ne sont que l'apparence de la moralité. Certes, la culture nous permet de concevoir l'idée de la moralité, elle en comprend l'exigence et contraint l'homme à développer ses dispositions morales. Mais une conformité purement extérieure à cette exigence n'est pas pour autant la moralité.

C'est à un lent travail de «formation intérieure» de l'individu que les États doivent consacrer tous leurs efforts, en favorisant l'éducation. Celle-ci en effet, en nous rendant à notre autonomie, est seule apte à assurer le passage de la simple conformité aux règles de la vie sociale à la véritable moralité qui, pour Kant, on le sait, ne relève que de l'intention moralement bonne.

▶▶ Huitième Proposition

1. De « *On peut considérer…* » jusqu'à « *…à la réalité d'un tel cycle* ». Kant procède d'abord à une récapitulation des résultats obtenus dans les sept propositions précédentes.

2. De « *En attendant, la nature humaine…* » jusqu'à « *…l'avènement de cette époque si heureuse pour nos descendants* ». La prise de conscience d'un progrès de l'espèce humaine conformément au dessein de la nature n'est autre que la foi de la raison pratique dans la capacité de l'humanité à réaliser sa destination morale, quel qu'en soit l'éloignement dans le temps. L'idée qu'en ont le philosophe ou l'homme éclairé peut accélérer son avènement, dans la mesure où c'est un devoir pour la raison pratique d'y contribuer.

2. De « *C'est pourquoi les faibles indices…* » jusqu'à la fin.

a) Il est très important que cette idée puisse s'appuyer sur l'expérience, c'est-à-dire sur un certain nombre d'indices. Ceux-ci sont déjà perceptibles ; la confirmation mutuelle de l'idée *a priori* d'un sens de l'histoire et du bilan empirique des progrès réalisés, si minces soient-ils, est, en elle-même, un facteur de progrès.

b) Les relations étroites qu'entretiennent les États, accroissent leur compétition sur le plan culturel. De plus, la liberté civile, parce qu'elle favorise le développement des relations commerciales et l'essor économique qui est source de bien-être général, devient de plus en plus précieuse. C'est pourquoi les souverains ont intérêt à accorder la plus grande liberté politique et à faire preuve de la plus grande tolérance religieuse : autant de facteurs positifs qui favorisent l'avènement des Lumières.

c) L'interdépendance économique et commerciale détourne les États de la guerre. De plus, en raison même de leurs relations toujours plus étroites, l'ébranlement d'un seul risque de déstabiliser tous les autres. D'où la tendance de l'État le plus fort à s'interposer comme arbitre entre les nations, ce qui constitue déjà aux yeux de Kant un premier pas vers l'institution d'une législation internationale, et par conséquent vers le cosmopolitisme.

▶▶ Neuvième Proposition

1. Du début à « *…ne manifestant aucun plan* ».

N'est-ce pas une entreprise chimérique de concevoir l'histoire conformément à ce qu'elle devrait être et non à ce qu'elle a été ? Non, car si l'on admet le principe selon lequel la nature ne procède pas sans finalité, y compris dans les domaines où intervient la liberté humaine, on pourra envisager l'histoire non comme une succession cahotique d'événements mais comme une évolution organisée selon une téléologie naturelle.

2. De « *Commençons par l'histoire grecque...* » jusqu'à « *...donnera un jour ses lois à tous les autres* ».

Si nous considérons, dans l'histoire grecque et romaine, ainsi que dans l'histoire des peuples que ces deux grandes civilisations nous ont transmise, l'évolution des formes politiques, on ne peut nier qu'il y ait eu un progrès régulier dans les constitutions politiques de notre continent, dont les conceptions en la matière s'imposeront un jour au reste de l'humanité.

3. De « *En outre, si l'on porte partout...* » jusqu'à « *... pourra être pleinement accomplie* ».

L'exigence d'une constitution civile ainsi que d'une fédération des États conformément à une législation internationale constitue donc les deux conditions permettant l'acheminement de l'humanité vers l'accomplissement de sa destination la plus élevée.

4. De « *Pareilles justifications de la nature...* » jusqu'à « *...dans un autre monde* ».

Kant procède alors à un raisonnement *a fortiori* : si l'on peut vérifier la finalité chez des êtres dépourvus de raison, *a fortiori* faudra-t-il l'admettre chez des êtres raisonnables, seuls capables de se proposer des fins, donc de donner un sens à la création et d'en justifier la « sagesse suprême ».

5. De « *Croire que par cette idée...* » jusqu'à la fin.

Seule l'histoire philosophique peut fournir à l'histoire empirique le fil conducteur qui permette de démêler, dans l'écrasante accumulation de faits minutieusement décrits, ceux qui sont essentiels à la compréhension de l'histoire. Comme c'est le cas pour l'Antiquité, l'avenir ne retiendra que « ce que des peuples ou des gouvernements ont accompli de positif ou de négatif sur le plan cosmopolitique ».

Idée d'une histoire universelle au point de vue cosmopolitique

KANT

Traduction du texte allemand
par Jacqueline Laffitte

IDÉE D'UNE HISTOIRE UNIVERSELLE AU POINT DE VUE COSMOPOLITIQUE

Quel que soit le concept que, du point de vue métaphysique, on puisse se faire de la liberté du vouloir, il reste que ses *manifestations phénoménales*, les actions humaines, sont déterminées exactement comme tout autre événement naturel selon les lois universelles de la nature[1]. L'histoire[2] qui se propose de raconter ces manifestations, à quelque profondeur que se cachent leurs causes, laisse cependant espérer qu'en considérant *globalement* le jeu de la liberté du vouloir humain, elle peut y découvrir un cours régulier, et que, de cette manière, ce qui chez les sujets paraît embrouillé et irrégulier pourra cependant être reconnu au niveau de l'espèce entière comme un développement progressif et continu, quoique lent, des dispositions originelles. Ainsi, par exemple, les mariages, les naissances qui en résultent et la mort, parce que la libre volonté des hommes exerce sur eux une grande influence, semblent ne pouvoir être soumis à aucune règle d'après laquelle on pourrait en calculer le nombre par avance. Et cependant les tables annuelles qu'on en dresse dans les grands pays prouvent qu'ils se produisent d'après des lois constantes de la nature[3], tout aussi bien que les variations atmosphériques, si inconstantes, dont aucune prise isolément ne peut être déterminée par avance mais qui pourtant dans leur ensemble ne manquent pas d'assurer la croissance des plantes, l'écoulement des fleuves, et d'autres formations naturelles, selon un cours uniforme et ininterrompu. Les hommes, pris individuellement, et même des peuples entiers, ne songent guère au fait qu'en poursuivant leurs fins particulières chacun selon son bon plaisir et souvent les uns contre les autres, ils suivent à leur insu, comme un fil conducteur, le dessein de la nature qui leur est lui-même inconnu et travaillent à favoriser sa réalisation ; ce qui, même s'ils le savaient, leur importerait cependant assez peu.

Étant donné que les hommes dans leurs efforts pour réaliser leurs aspirations ne se conduisent pas dans l'ensemble de façon purement instinctive, comme des animaux, mais cependant qu'ils ne suivent pas non plus

---

1. La détermination des lois de la nature ne préjuge en rien de la liberté d'un être raisonnable, comme l'a établi la *Critique de la raison pure* (PUF, p. 394 sq.). L'homme appartient à deux mondes : au monde sensible en tant que phénomène, au monde suprasensible en tant que noumène. En tant qu'être de la nature, ses actions sont conditionnelles et doivent être replacées dans la chaîne causale des phénomènes. Mais en tant qu'être raisonnable qui détient la loi morale, il n'en demeure pas moins causalité libre et inconditionnée.

2. Il faut noter ici la relative ambiguïté du mot histoire (*Geschichte*), qui désigne à la fois l'histoire des historiens, c'est-à-dire une connaissance purement empirique du devenir humain, et l'histoire critique, ou l'histoire philosophique, qui se place du point de vue global du devenir de l'espèce humaine tout entière pour en dégager le sens.

3. Ce premier exemple introduit l'idée d'un ordre et d'une régularité d'ensemble que l'on saisit en se plaçant d'un point de vue statistique, par-delà les caprices et l'arbitraire des volontés individuelles. Buffon, que Kant avait lu, avait déjà essayé de dégager des lois constantes dans le déroulement des événements, par la comparaison de tables statistiques.

un plan concerté comme des citoyens raisonnables du monde, il semble qu'une histoire planifiée (comme par exemple celle des abeilles et des castors) soit impossible en ce qui les concerne. On ne peut pas se défendre d'une certaine humeur lorsqu'on voit leurs faits et gestes occuper la grande scène du monde et que, à côté de la sagesse qui apparaît çà et là en quelque individu, on ne trouve en fin de compte dans l'ensemble qu'un tissu de folies, de vanité infantile, souvent même de méchanceté et de soif de destruction puériles[1], si bien qu'à la fin, on ne sait plus quelle idée on doit se faire de notre espèce si imbue de sa supériorité. Le philosophe ne peut tirer de là aucun autre enseignement que le suivant : puisqu'il est impossible de présupposer dans l'ensemble chez les hommes et dans le jeu de leur conduite le moindre *dessein personnel* raisonnable, il lui faut chercher s'il ne peut pas découvrir dans ce cours insensé des choses humaines un *dessein de la nature* à partir duquel serait du moins possible, à propos de créatures qui procèdent sans plan personnel, une histoire conforme à un plan déterminé de la nature. Nous voulons voir s'il nous sera possible de trouver un fil conducteur[2] pour une telle histoire et nous laisserons ensuite à la nature le soin de produire l'homme capable de la rédiger d'après ce principe. Elle a bien produit un Kepler qui soumit de façon inattendue les trajectoires excentriques des planètes à des lois déterminées, et un Newton[3], qui expliqua ces lois à partir d'une cause universelle de la nature.

Première Proposition

Toutes les dispositions naturelles d'une créature sont destinées à se développer un jour complètement et conformément à une fin. Cela est vérifié chez tous les animaux, aussi bien par l'observation externe que par l'observation interne ou dissection. Un organe qui ne doit pas avoir d'usage, un agencement qui n'atteint pas son but, sont des contradictions dans le système téléologique*[4] de la nature. En effet si nous nous écartons de ce principe, nous n'avons plus une nature conforme à des lois mais un jeu de la nature sans but, et le hasard désolant vient prendre la place du fil conducteur de la raison[5].

1. On se reportera à *Qu'est-ce que les Lumières* ? Kant doute que l'homme soit devenu adulte, c'est-à-dire capable de disposer librement de sa raison. Or la guerre est le témoignage le plus dégradant de l'immaturité de l'homme.
2. Le fil conducteur de l'histoire empirique (*Historie*), à savoir l'idée d'un devenir sensé de l'espèce humaine, doit être en même temps le fil conducteur que le philosophe propose à l'historien pour la rédaction de l'histoire (*Geschichte*).
3. Le passage de l'errance à l'ordre opéré en astronomie par Kepler et Newton* résulte d'un changement de perspective dont Copernic eut le premier l'intuition. De même, Kant ne serait-il pas alors le Copernic qui fournirait à ses successeurs le point de vue d'où l'histoire doit s'écrire ?
4. « Nous trouvons par l'expérience dans toute la nature, qu'aucun animal n'a d'organe, ni de faculté, ni de pouvoir en vain, mais qu'ils ont tous leur utilité et leur fin déterminée » (*Leçons de métaphysique*).
5. En utilisant l'expression « fil conducteur de la raison », Kant entend ici le principe de finalité, principe réfléchissant* (c'est-à-dire non susceptible d'engendrer des connaissances objectives), idée régulatrice de la raison (*C.F.J.*, § 67, Vrin, p. 197).

KANT

1. Nous faisant pénétrer toujours davantage dans le périlleux domaine de la liberté à laquelle on ne peut assigner de limites (C.R.P., PUF, p. 265), la raison est la capacité infinie de poser de nouvelles fins et d'inventer de nouveaux moyens.
2. Voir 1er postulat de la C.R.Pr., PUF, p. 131. Voir **Dossier**, Thèses pp. 60-61.
3. Le concept d'*espèce humaine* représente beaucoup plus qu'un simple principe de classification, davantage également qu'une succession empirique de générations. Elle se présente comme un tout organisé dont le devenir orienté est une histoire, et sa fonction épistémologique s'accompagne d'un présupposé philosophique : l'idée de perfectionnement. Elle s'achève ainsi dans l'humanité* dont elle doit être capable d'accomplir la complète destination, à savoir une unité pratique faite d'êtres raisonnables et libres.
4. Étape décisive : on passe ici d'un point de vue naturaliste, où le processus historique se réalise automatiquement – la nature agissant à l'insu des individus – à un point de vue volontariste et éthique*.
5. C'est l'idée du développement progressif de l'espèce humaine qui rend possible la réalisation du devoir et lui fixe le but de notre accomplissement moral.

Deuxième Proposition

Chez l'homme (en tant que seule créature raisonnable sur terre), les dispositions naturelles qui visent à l'usage de sa raison ne devraient être développées complètement que dans l'espèce mais non dans l'individu. La raison* chez une créature est un pouvoir d'étendre bien au-delà de l'instinct naturel les règles et les desseins qui commandent l'usage de toutes ses forces, et elle ne connaît aucune limite[1] à ses projets. Or, elle n'agit pas elle-même de façon instinctive mais elle a besoin de tâtonnements, d'essais et d'enseignements pour progresser peu à peu d'un degré d'intelligence à un autre. C'est pourquoi il faudrait que chaque homme ait une vie illimitée[2], pour apprendre comment il doit faire un complet usage de toutes ses dispositions naturelles. Ou alors, si la nature ne lui a assigné qu'une courte durée de vie (comme c'est effectivement le cas), c'est qu'elle a besoin d'une série peut-être infinie de générations dont chacune transmet aux suivantes ses lumières, pour amener enfin les germes inscrits dans notre espèce[3] au degré parfaitement conforme à son dessein. Et cette époque doit être, au moins dans l'idée qu'il en a, le but des efforts de l'homme[4] parce que, sinon, les dispositions naturelles devraient être considérées pour la plupart comme vaines et sans finalité ; ce qui supprimerait tous les principes pratiques[5] et la nature serait alors suspecte d'un jeu puéril en l'homme seul, elle dont la sagesse doit servir de principe pour juger toutes ses autres productions.

Troisième Proposition

La nature a voulu que l'homme tire entièrement de lui-même tout ce qui dépasse l'agencement mécanique de son existence animale et qu'il ne prenne part à aucune autre félicité ou perfection que celles qu'il s'est lui-même créées indépendamment de l'instinct, par sa propre raison. La nature en effet ne fait rien de superflu et elle n'est pas prodigue dans l'usage des moyens pour parvenir à ses fins. En donnant à l'homme la raison ainsi que la liberté du vouloir qui se fonde sur cette raison, elle indiquait déjà clairement son dessein en ce qui concerne la dotation de l'homme. Il ne devait pas, en effet, être gouverné par l'instinct, ni non plus être instruit et formé par une connaissance innée. Il devait bien plutôt tirer tout de lui-même. La découverte de ses moyens de subsistance, de son habillement, de sa sécurité et de sa défense extérieure (pour lesquelles la nature ne lui donna ni les cornes du taureau, ni les griffes du lion, ni les crocs du chien mais seulement des mains), tous les divertissements qui peuvent rendre la vie agréable, même son intelligence et sa prudence et jusqu'à la bonté de son vouloir, devaient être entièrement son œuvre propre. La nature semble même s'être ici complue à sa plus grande économie[1] et avoir mesuré sa dotation animale au plus court et au plus juste, pour les besoins les plus pressants d'une existence à ses débuts, comme si elle voulait que l'homme dût parvenir, par son travail, de la grossièreté la plus primitive à l'habileté la plus grande, à la perfection intérieure de son mode de pensée et, par là (pour autant que cela est possible sur terre), jusqu'au bonheur, et qu'il dût ainsi en avoir tout seul le mérite et n'en être redevable qu'à lui-même ; c'est aussi comme si elle tenait davantage à ce qu'il parvînt à l'estime raisonnable de soi[2] qu'au bien-être. Car dans le cours des affaires humaines, il y a une multitude de peines qui attendent l'homme. Or il semble que la nature n'ait nullement tenu à ce qu'il vive agréablement mais, au contraire, à ce qu'il travaille à s'élever suffisamment pour se rendre digne par sa conduite de la vie et du bien-être.

Il reste toujours ici quelque chose d'étrange : les générations antérieures ne semblent poursuivre leur pénible labeur qu'au profit des générations ultérieures, pour leur préparer une étape à partir de laquelle elles pourraient élever plus haut l'édifice que la nature a en vue ; et seules les dernières générations doivent avoir la chance d'habiter le bâtiment auquel a travaillé une longue lignée de devanciers (il est vrai sans en avoir eu le dessein), sans cependant pouvoir prendre part eux-mêmes au bonheur qu'ils préparaient. Mais si énigmatique que cela soit, c'est pourtant aussi nécessaire si l'on admet ce qui suit : une espèce animale doit être douée de raison et, en tant que classe d'êtres raisonnables qui tous meurent mais dont l'espèce est immortelle, elle doit néanmoins parvenir jusqu'au développement complet de ses dispositions.

1. Le principe d'économie est lié au postulat selon lequel la nature ne fait rien en vain. Ne créant rien de superflu, elle met en œuvre des moyens rigoureusement proportionnés aux fins qu'elle se propose.

2. L'« estime raisonnable de soi » provient de ce que l'homme ne doit rien qu'à lui-même et à sa liberté, aux mérites de ses efforts et à son travail. Proche de la générosité cartésienne, elle s'identifiera toutefois, dans le contexte de la philosophie pratique, au respect, sentiment rationnel qui nous fait reconnaître notre éminente dignité* d'être libre et raisonnable. Puisque notre bien-être serait obtenu plus aisément par l'instinct, la présence en nous de la raison signifie que la nature nous réserve une destination plus haute que le bien-être et le bonheur : elle nous destine à la vertu que Kant définira précisément comme ce qui nous rend digne d'être heureux (C.R.Pr., PUF, p. 120).

Quatrième Proposition

Le moyen dont se sert la nature pour mener à bien le développement de toutes ses dispositions[1] est leur antagonisme dans la société, pour autant que celui-ci se révèle être cependant, en fin de compte, la cause d'un ordre légal de cette société.

J'entends ici par antagonisme l'*insociable sociabilité* des hommes, c'est-à-dire leur penchant à entrer en société, penchant lié toutefois à une répulsion générale à le faire, qui menace constamment de dissoudre cette société. Une telle disposition est très manifeste dans la nature humaine. L'homme possède une inclination à *s'associer* parce que, dans un tel état, il se sent davantage homme, c'est-à-dire qu'il sent le développement de ses dispositions naturelles. Mais il a aussi un grand penchant à *se séparer* (s'isoler) : en effet il trouve en même temps en lui ce caractère insociable qui le pousse à vouloir tout régler à sa guise ; par suite il s'attend à rencontrer des résistances de tous côtés, de même qu'il se sait lui-même enclin de son côté à résister aux autres.

Or, c'est cette résistance qui éveille toutes les forces de l'homme, le porte à vaincre son penchant à la paresse et, sous l'impulsion de l'ambition, de la soif de dominer ou de la cupidité[2], à se frayer une place parmi ses compagnons qu'il ne peut souffrir mais dont il ne peut se passer. Or c'est là que s'effectuent les premiers pas qui conduisent de la rudesse à la culture[3], laquelle réside à proprement parler dans la valeur sociale de l'homme. C'est alors que se développent peu à peu tous les talents, que se forme le goût et que, par le progrès continu des Lumières, commence à s'établir un mode de pensée qui peut, avec le temps, transformer la grossière disposition au discernement moral en principe pratique déterminé et, finalement, convertir l'accord *pathologiquement* extorqué[4] pour l'établissement d'une société en un *tout moral*[5].

Sans ces qualités en elles-mêmes fort peu aimables d'insociabilité, d'où provient la résistance que chacun doit rencontrer nécessairement à ses prétentions égoïstes, tous les talents resteraient éternellement enfouis dans leurs germes, dans une vie de bergers d'Arcadie, dans une concorde, un contentement et un amour mutuelle-

---

1. Dans *Anthr.* (Vrin, pp. 162-165), Kant analyse les trois types de *dispositions*, ou « facultés naturelles de l'espèce » :
a. La *disposition technique* : habileté instrumentale par laquelle l'homme satisfait ses besoins naturels.
b. La *disposition pragmatique* plus élevée, qui consiste pour les hommes à s'utiliser les uns les autres pour réaliser des fins.
c. La *disposition morale* : agir à l'égard de soi et des autres selon le principe de la liberté, conformément à des lois.
2. Les passions sont le véritable et unique moteur de l'histoire.
3. La culture* se situe à égale distance de l'état de nature et du tout moral* mais elle demeure dans la seule perspective du dessein de la nature. Déjà, « par la politesse et les bienséances sociales de tous ordres », elle constitue une moralité extérieure – simple conformité des actions aux lois morales (voir *F.M.M*, 2ᵉ Section, Delagrave, p. 111) – qui ne dépase pas l'apparence de la moralité, mais qui fait néanmoins la valeur sociale de l'homme.
4. *Extorqué* : littéralement, « arraché à l'homme à son insu ». L'extorsion est la manière dont s'exerce la ruse de la nature. *Pathologiquement* : qui ne procède pas de la volonté mais des inclinations sensibles en tant qu'elles sont subies.
• **5.** Voir **Dossier**, Thèses pp. 68-69.

ment parfaits : les hommes doux comme des agneaux qui paissent n'accorderaient guère plus de valeur à leur existence que n'en a leur bétail ; ils ne combleraient pas le vide de la création[1], eu égard à sa finalité en tant que nature raisonnable. Que la nature soit donc remerciée pour ce caractère peu amène, pour cette vanité qui les entraîne dans une rivalité jalouse, pour ce désir insatiable de possession ou même de domination. Sans elle, toutes les excellentes dispositions naturelles qui sont dans l'humanité sommeilleraient éternellement sans se développer.

L'homme veut la concorde mais la nature sait mieux que lui ce qui est bon pour son espèce : elle veut la discorde. Il veut vivre sans effort et agréablement mais la nature veut qu'il soit obligé de sortir de son indolence et de son contentement oisif pour se jeter dans le travail et dans les peines afin d'y trouver en retour le moyen de s'en délivrer par la prudence. Les mobiles naturels qui l'y poussent, les sources de l'insociabilité et de la résistance générale d'où jaillissent tant de maux, mais qui cependant stimulent en permanence la tension de ses forces et par là le développement croissant de ses dispositions naturelles, révèlent donc bien l'ordonnance d'un sage créateur[2] et non quelque chose comme la main d'un esprit malin qui aurait gâché son magnifique ouvrage ou l'aurait abîmé par jalousie.

Cinquième Proposition

Le plus grand problème pour l'espèce humaine, celui que la nature contraint l'homme à résoudre, est d'atteindre une société civile administrant le droit universellement[3].

Comme c'est seulement dans la société, précisément dans celle qui offre la plus grande liberté et, par suite, permet un antagonisme général de ses membres, mais où cependant on rencontre la détermination et la garantie les plus strictes des limites de cette liberté afin qu'elle puisse coexister avec la liberté des autres, puisque ce n'est que dans cette société que peut être atteint dans l'humanité le dessein suprême de la nature – à savoir le développement de toutes ses dispositions –, la nature veut aussi que l'humanité soit obligée de réaliser elle-même ce dessein ainsi que toutes les autres fins de sa destination ;

1. Monde privé de sens. Le sens requiert en effet la moralité, l'action de créatures raisonnables et libres. Le vide de la création correspond à l'époque mythique des bergers d'Arcadie* chez qui sommeillent les germes de la raison, car l'histoire ne les a pas arrachés à leur bonheur animal, à leur innocence originelle.

2. Voir note 2, p. 46, Proposition IX.

3. *Universellement* peut être entendu ici en deux sens :
a. Si on considère le droit de façon purement instrumentale, subordonné à la ruse de la nature, l'universalité de l'exercice du droit signifie la stricte légalité, indiquant simplement l'égale soumission des individus à des « lois extérieures » communes.
b. Si on se place du point de vue de la finalité du droit, « une société civile administrant le droit universellement » renferme l'idéal du droit. *Universellement* doit être pris au sens de la société cosmopolitique, but ultime de l'unification du genre humain. Il s'agit alors d'une idée, modèle ou principe régulateur qu'aucune société civile n'incarne empiriquement.

KANT

c'est pourquoi une société dans laquelle la *liberté sous des lois extérieures*[1] se trouvera liée au plus haut degré possible à un pouvoir irrésistible, c'est-à-dire une *constitution civile parfaitement juste*[2], doit être pour l'espèce humaine la tâche suprême de la nature ; car la nature ne peut atteindre ses autres desseins en ce qui concerne notre espèce que par la résolution et l'accomplissement de cette tâche.

C'est la détresse qui force l'homme, si épris par ailleurs de liberté sans entrave, à entrer dans cet état de contrainte, et en vérité la plus grande de toutes les détresses, à savoir celle que s'infligent les uns aux autres les hommes, que leurs inclinations empêchent de rester longtemps côte à côte à l'état de liberté sauvage. C'est seulement dans cet enclos que constitue l'association civile que ces mêmes inclinations produisent par la suite leur meilleur effet.

Ainsi, dans une forêt, les arbres, du fait même que chacun tente de ravir à l'autre l'air et le soleil, sont contraints réciproquement à chercher l'air et le soleil au-dessus d'eux, et de ce fait, ils poussent beaux et droits ; tandis qu'en liberté et séparés les uns des autres, ils lancent leurs branches comme il leur plaît et poussent rabougris, tordus et courbés. Toute culture, tout art qui orne l'humanité, ainsi que l'ordre social le plus beau, sont des fruits de l'insociabilité qui est forcée par elle-même à se discipliner et à développer ainsi complètement par cet art extorqué les germes de la nature.

Sixième Proposition

Ce problème est en même temps le plus difficile, celui que l'espèce humaine résoudra en dernier. La difficulté que, d'ailleurs, la simple idée de cette tâche nous met déjà sous les yeux est la suivante : l'homme est un animal qui, lorsqu'il vit parmi d'autres individus de son espèce a besoin d'un *maître*[3], car il abuse à coup sûr de sa liberté à l'égard de ses semblables ; et quoiqu'il souhaite, en tant que créature raisonnable, une loi qui pose des limites à la liberté de tous, son inclination animale égoïste le conduit cependant à s'en excepter lui-même quand il le peut. Il a donc besoin d'un maître qui brise sa volonté particulière et le force à obéir à une volonté universellement valable, grâce à laquelle chacun puisse être libre.

---

1. Les lois sont dites « extérieures » parce que, appartenant au strict domaine de la légalité et non de la moralité, elles n'exigent pas comme l'impératif catégorique une obéissance intérieure.

2. Telle est l'aporie que soulève la Sixième Proposition : introduire l'idée d'une justice parfaite, n'est-ce pas lier la réalisation du droit à une utopique vertu des hommes politiques, confondre règne des fins et constitution républicaine, morale et politique ?

3. *Maître* a d'abord le sens premier : un homme exerçant une contre-violence fondatrice des lois. Telle est la forme individuelle du souverain, antérieure à l'idée d'une autorité fondée en raison sur la loi universelle et s'exprimant par la volonté générale. Le maître juste se niera comme maître lorsqu'il s'identifiera au peuple législateur dans la république* représentative, s'effaçant derrière la primauté de la loi et n'ayant pour fonction que d'être le garant de son exécution.

Mais où prend-il ce maître ? Nulle part ailleurs que dans l'espèce humaine. Or ce maître est tout comme lui un animal qui a besoin d'un maître. De quelque façon qu'il s'y prenne, on ne voit pas comment il pourrait se procurer pour établir la justice publique un chef qui soit lui-même juste, et cela, qu'il le cherche dans une personne unique ou dans un groupe de plusieurs personnes choisies à cet effet. Car chacune abusera toujours de sa liberté si elle n'a personne au-dessus d'elle qui exerce un pouvoir d'après des lois.

Or le chef suprême doit être *juste par lui-même*[1], et cependant être un homme. Cette tâche est donc la plus difficile de toutes et, à vrai dire, sa solution parfaite est impossible[2] : le bois dont l'homme est fait est si courbe[3] qu'on ne peut rien y tailler de tout à fait droit. La nature ne nous impose que de nous rapprocher de cette idée[a]. Que cette idée soit également celle qui est mise en œuvre le plus tardivement résulte du fait que, pour y parvenir, il est exigé des concepts exacts touchant la nature d'une constitution, une grande prudence instruite du cours des événements du monde et, par-dessus tout, une volonté bonne[4] préparée à accepter cette constitution. Ces trois points ne peuvent toutefois se trouver réunis que très difficilement et quand cela se produit, ce n'est que très tardivement, après beaucoup d'essais infructueux[5].

Septième Proposition

Le problème de l'édification d'une constitution civile parfaite est lié à celui de l'établissement de relations extérieures légales entre les États et ne peut être résolu sans ce dernier. À quoi sert de travailler à une constitution civile parfaite, réglée par des lois entre individus particuliers, c'est-à-dire à l'organisation d'une communauté ? Car la même insociabilité qui contraignait les hommes à travailler à cette constitution est à nouveau la cause qui fait que chaque communauté, dans les relations extérieures, c'est-à-dire d'État à

1. Un « homme juste par lui-même » n'aurait pas besoin d'un maître pour être juste. « Juste par lui-même », signifie par la seule disposition intérieure de la volonté au sens où, dans les *F.M.M.*, la volonté est dite bonne en elle-même, par la pureté de sa maxime intérieure d'où tout mobile empirique est exclu. L'exercice juste du pouvoir requiert donc la bonne volonté*.
2. La Sixième Proposition marque une nette rupture avec la perspective naturaliste des précédentes.
3. L'image de la *courbure*, d'inspiration luthérienne, est constante dans l'œuvre de Kant (voir éducation, religion, droit). La courbure symbolise le mal radical lié au choix originaire de l'égoïsme et des passions.
4. C'est l'exigence morale de la raison pratique qui définit maintenant le sens du progrès. Au progrès qui s'effectue sans l'homme se substitue le progrès voulu et assumé par l'homme.
5. « Le degré le plus élevé où doit s'arrêter l'humanité, non plus que la distance infranchissable qui sépare l'idée de sa réalisation, personne ne peut ni ne doit les déterminer, car il s'agit de la liberté qui peut franchir toute limite assignée » (*C.R.P.*, PUF, p. 265).

---

a. Le rôle de l'homme requiert donc beaucoup d'habileté. Ce qu'il en est des habitants des autres planètes et de leur nature, nous l'ignorons. Mais si nous menons à bien cette mission de la nature, nous pouvons bien nous flatter d'avoir droit à un rang qui ne soit pas inférieur parmi nos voisins dans l'édifice du monde. Peut-être, chez eux, chaque individu a-t-il la possibilité d'atteindre pleinement sa destination au cours de sa vie ; chez nous, il en est autrement : seule l'espèce peut l'espérer.

KANT

1. « L'État (*civitas*) est la réunion d'une masse d'hommes soumis à des lois de droit » (*Droit*, § 45, Vrin, p. 195). Tout État est une communauté particulière et les États se rapportent les uns aux autres comme les hommes à l'état de nature, c'est-à-dire selon les principes de l'antagonisme et de la discorde qui prennent ici la forme de la guerre.

2. Entre États comme entre individus, le règne du droit signifie « une société dans laquelle la liberté sous des lois extérieures se trouvera liée au plus haut degré possible à un pouvoir irrésistible » (Prop. V).

3. Société des nations. Voir **Dossier**, Concepts clés p. 58 et Thèses pp. 65-66.

État[1], jouit d'une liberté sans frein ; par suite, un État doit s'attendre à subir de la part d'un autre les mêmes maux qui opprimaient les individus particuliers et les forçaient à entrer dans un état civil réglé par la loi. La nature s'est donc à nouveau servie de l'incompatibilité des hommes, celle-là même des grandes sociétés et des grands corps politiques composés de créatures de cette sorte, comme moyen de réaliser au sein de leur *antagonisme* inévitable un état de calme et de sécurité.

    Ainsi, au moyen des guerres, de leurs préparatifs excessifs et incessants, de la détresse qui en résulte et dont chaque État doit souffrir intérieurement même en temps de paix, la nature pousse les États à des essais d'abord imparfaits, puis finalement, après bien des désastres, bien des naufrages, après même un épuisement total de leurs forces, à faire ce que la raison aurait bien pu leur dicter sans qu'il leur en coûtât de si tristes épreuves. Elle les contraint ainsi à sortir de l'état sans loi des sauvages pour entrer dans une société des nations dans laquelle chaque État, même le plus petit, pourrait attendre sa sécurité et ses droits, non de sa propre force ou de sa propre appréciation du droit[2], mais uniquement de cette grande société des nations (*foedus amphictyonum*)[3], c'est-à-dire d'une force unie et de la décision prise d'après des lois issues de l'accord de leurs volontés. Si exaltée que puisse paraître cette idée et bien qu'on l'ait tournée en ridicule chez un abbé de Saint-Pierre et un Rousseau (peut-être parce qu'ils en croyaient la réalisation toute proche), telle est pourtant bien l'issue inévitable de la détresse en laquelle les hommes se plongent mutuellement et qui doit contraindre les États (si difficile que ce soit pour eux) à prendre précisément la même résolution que l'homme sauvage avait été contraint de prendre, tout aussi contre son gré, à savoir de renoncer à sa liberté brutale pour chercher le calme et la sécurité dans une constitution réglée par la loi. Ainsi, toutes les guerres sont-elles autant de tentatives (non point certes dans l'intention des hommes mais dans celle de la nature) pour établir de nouvelles relations entre les États, pour former par la destruction de tous ou du moins par leur remembrement, de nouveaux corps qui, à leur tour, ne peuvent se maintenir, soit en eux-mêmes, soit dans leurs relations mutuelles, et doivent par conséquent subir de nouvelles révolutions analogues, jusqu'à ce qu'un jour, enfin, en partie grâce à l'organisation la meilleure possible sur le plan intérieur, en partie grâce à une concertation et une législation communes sur le plan extérieur, un état de choses s'établit qui, semblable à une communauté civile[1], pourra se maintenir de lui-même comme un automate[2].

Doit-on maintenant attendre d'un concours épicurien[3] de causes efficientes que les États, semblables aux atomes de la matière, au hasard de leurs chocs mutuels essaient toutes sortes de configurations, qui sont à leur tour détruites par de nouveaux chocs jusqu'à ce qu'enfin, par hasard, une configuration réussisse à se maintenir dans sa forme (heureux hasard qui aura beaucoup de difficulté à se produire un jour) ? Ou doit-on plutôt admettre que la nature suit ici un cours régulier pour conduire peu à peu notre espèce du degré le plus bas de l'animalité jusqu'au plus haut degré d'humanité, et cela à vrai dire par un art qui lui est propre bien qu'extorqué à l'homme, et qu'elle développe ses dispositions originelles de façon tout à fait régulière en dépit du désordre apparent de cet arrangement ?

Ou bien préférera-t-on affirmer que, de toutes ces actions des hommes, il ne résulte dans l'ensemble jamais rien, du moins rien de sage, que tout restera comme il en a toujours été et qu'on ne peut donc prévoir si la discorde, qui est si naturelle à notre espèce, ne nous prépare pas finalement un enfer de maux, si avancée que soit notre civilisation, en anéantissant peut-être une fois de plus, par une destruction barbare[4], cet état de civilisation, ainsi que tous les progrès réalisés jusqu'ici dans la culture (destin dont rien ne peut nous garantir sous le règne du hasard aveugle qui, en fait, s'identifie avec la liberté sans loi si on ne suppose pas, sous-jacent à cette liberté, un fil conducteur de la nature secrètement lié à une sagesse) ?

Ce qui revient à peu près à se poser la question suivante : est-il bien raisonnable d'admettre la *finalité* de l'organisation de la nature dans les parties et cependant l'*absence de finalité* dans le tout[5] ? Ainsi ce que produit l'état dépourvu de finalité des sauvages, à savoir d'entraver les dispositions naturelles de notre espèce, mais, par les maux dans lesquels il la plonge, de la forcer finalement à sortir de cet état pour entrer dans une constitution civile au sein de laquelle tous ses germes peuvent se développer, la liberté des États déjà constitués le fait également. Car

---

1. Kant aborde le problème juridique d'une société des nations. Voir **Dossier**, Thèses p. 66-67.
2. Voir *infra* note 1 p. 42.
3. L'épicurisme fait naître le monde du choc des atomes. Il exclut qu'une finalité ait présidé à l'harmonie de la nature. Il faut donc imaginer un nombre infini d'essais et d'erreurs pour qu'un heureux hasard finisse par réunir les États en une société cosmopolitique. Kant choisit Épicure comme symbole de l'abdéritisme, théorie selon laquelle l'histoire n'est qu'un « tissu de folies » (voir Introduction) qui témoigne de l'absurdité universelle.
4. Kant fait allusion au point de vue eudémoniste de Mendelssohn, selon lequel tout progrès est contrebalancé par une chute ou un déclin, si bien que la civilisation pourrait à tout moment sombrer dans le néant. L'eudémonisme rejoint la théorie du hasard puisqu'on ne peut rien prévoir, et qu'aucun fil conducteur *a priori** ne dirige le cours de l'histoire.
5. C'est ce même principe selon lequel la finalité étant reconnue dans les parties peut être affirmée du tout qui a conduit Kant du constat de la finalité dans les organismes vivants à l'hypothèse d'un dessein de la nature englobant la destinée de l'espèce humaine. Ce principe est bien le fil conducteur qui dirige la réflexion kantienne sur l'histoire.

l'application de toutes les forces des communautés à s'armer les unes contre les autres, les ravages provoqués par la guerre, et plus encore la nécessité de s'y tenir continuellement préparé, entravent le progrès vers le complet développement des dispositions naturelles. Mais en revanche, les maux qui en découlent forcent notre espèce à trouver une loi d'équilibre[1] face à cette résistance en elle-même salutaire que s'opposent de nombreux États voisins du fait même de leur liberté, et à introduire une puissance unifiée qui donne de la force à cette loi ; de ce fait doit s'instaurer une situation cosmopolitique de sécurité publique entre les États, qui n'élimine pas tout danger, pour que les forces de l'humanité ne s'assoupissent pas complètement, mais qui ne soit pas non plus sans un principe d'*égalité* de leurs *actions* et *réactions* mutuelles, pour qu'elles ne se détruisent pas les unes les autres.

Tant que ce dernier pas (à savoir l'union des États) n'a pas été franchi, la nature humaine, à peine à mi-chemin de son développement, endure les maux les plus rudes sous l'apparence trompeuse du bien-être extérieur ; et Rousseau n'avait pas tort de préférer l'état des sauvages, si on fait abstraction de ce dernier degré que notre espèce doit gravir. Nous sommes hautement cultivés[2] par l'art et par la science ; nous sommes civilisés[3], au point d'en être accablés pour ce qui est de la politesse et des bienséances sociales de tous ordres ; mais de là à nous tenir pour moralisés[4], il s'en faut encore de beaucoup. Si en effet l'idée de la moralité appartient bien à la culture, en revanche l'usage de cette idée, qui aboutit seulement à une apparence de moralité dans l'honneur et la bienséance extérieure, constitue seulement la civilisation. Or, tant que les États consacreront toutes leurs forces à des projets d'expansion vains et violents, tant qu'ils entraveront ainsi continuellement le lent effort de formation intérieure du mode de penser chez leurs citoyens, les privant même de toute aide dans la réalisation de cette fin, on ne peut attendre aucun résultat de ce genre ; car, pour atteindre ce but, il faut un long travail intérieur de chaque communauté pour former ses citoyens. Or, tout bien qui n'est pas greffé sur une intention moralement bonne n'est que pure apparence et faux clinquant. C'est dans cet état que demeurera sans doute le genre humain jusqu'à ce que, de la manière que je viens d'indiquer, il émerge par son travail de la situation chaotique qui caractérise ses relations avec les autres États.

---

1. Ici encore, c'est en termes de physique, c'est-à-dire d'équilibre des forces régi par le principe newtonien de l'égalité de l'action et de la réaction, que Kant décrit le processus d'établissement et de maintien de la coexistence pacifique des États. D'où le recours précédent au terme d'*automate* pour expliquer que l'union des États doit se maintenir par le simple jeu mécanique des forces.

2. La Septième Proposition utilise simultanément deux significations du terme *culture**, voir également ment *C.F.J.*, §§ 83, 91.
– *Cultivés* désigne d'abord l'étape culturelle de la civilisation, le progrès des facultés rationnelles par les sciences et par les arts.
– Kant désigne par *culture* la destination naturelle suprême du genre humain, à savoir l'idée d'humanité. Mais la formule ne doit pas prêter à confusion : la culture ne contient que l'exigence d'un passage à la moralité. En ce sens, la culture a pour visée son propre dépassement et elle en est également le moyen.

● 3. Voir **Glossaire**, Civilisation.

4. « Les hommes sont au deuxième degré du progrès vers la perfection, certes cultivés et civilisés mais non moralisés […]. Le besoin en ces deux matières finira par entraîner la moralisation et cela par l'éducation, la constitution politique et la religion » (*Réflexions sur l'anthropologie*, 1460).

Huitième Proposition

On peut considérer l'histoire de l'espèce humaine dans son ensemble comme l'accomplissement d'un plan caché de la nature, pour construire une constitution politique parfaite à l'intérieur et, dans ce but, également parfaite à l'extérieur, une telle constitution réalisant l'unique situation dans laquelle la nature peut développer complètement dans l'humanité toutes ses dispositions. Cette proposition est une conséquence de ce qui précède. On le voit, la philosophie pourrait bien avoir elle aussi son millénarisme (*chiliasmus*) ; mais l'idée qu'elle en a peut elle-même favoriser son avènement quoique de très loin seulement : ce millénarisme n'est donc nullement une rêverie exaltée. Il s'agit seulement de savoir si l'expérience nous révèle quelque chose du cours que suit le dessein de la nature. Je dis « un tant soit peu », car ce cycle semble exiger un temps si long pour parvenir à son terme, qu'à partir de la petite portion que l'humanité a déjà parcourue de ce point de vue, on peut déterminer la forme de sa trajectoire et le rapport de la partie au tout avec aussi peu de certitude qu'il est possible, à partir de toutes les observations du ciel relevées jusqu'ici, pour la course qu'accomplit notre soleil avec tout son cortège de satellites, dans le grand système des étoiles fixes[1] ; quoique cependant, à partir du principe universel de la constitution systématique de l'édifice du monde, ainsi qu'avec le peu que l'on a observé, nous ayons assez de certitude pour conclure à la réalité d'un tel cycle. En attendant, la nature humaine requiert qu'on ne soit pas indifférent à l'égard de l'époque la plus éloignée que doit atteindre notre espèce, pourvu qu'elle puisse être attendue avec certitude. En particulier, cette indifférence a d'autant moins de raison d'être dans notre cas qu'il semble que nous puissions, en nous y préparant par la raison, amener plus vite l'avènement de cette époque si heureuse pour nos descendants. C'est pourquoi les faibles indices[2] de son approche sont pour nous très importants. Aujourd'hui, les États sont impliqués dans des relations mutuelles à ce point artificielles qu'aucun d'eux ne peut relâcher sa culture intérieure sans perdre de sa puissance et de son influence vis à vis des autres ; par conséquent le maintien en l'état, sinon le progrès vers cette fin de la nature, est déjà pratiquement assuré

---

1. Étant donné le caractère infiniment éloigné de son terme, la courbe du progrès humain est aussi difficile à déterminer que la trajectoire du soleil dans le système infini des galaxies. Mais, de même qu'à partir d'une portion fort limitée de la courbe, le mathématicien peut extrapoler la courbe tout entière, de même, si court que soit le chemin parcouru jusqu'ici par le progrès, il est permis de conclure à sa réalité et d'estimer avec certitude que le terme peut en être atteint.

2. Les conclusions dégagées à partir d'un bilan empirique, si mince soit-il, autorisent un espoir raisonnable. L'*a priori* – à savoir le fil conducteur du philosophe – et l'*a posteriori* – les indices déjà perceptibles du progrès – se confirment mutuellement.

1. Kant, grand lecteur de Mandeville et d'Adam Smith, s'inspire ici des théories de « l'ordre naturel spontané », notamment des analyses économiques de la vertu du libre-échange, source de bien-être et de richesses entre les nations. **2.** Dans la Huitième Proposition, Kant met l'accent sur la « culture positive » qui « prépare l'homme à une domination en laquelle la raison seule possédera la puissance » (*C.F.J.*, § 83, Vrin), ce qui est à proprement parler l'avènement des Lumières, c'est-à-dire le règne d'une raison autonome, libérée des préjugés et des superstitions, apte à penser par elle-même et à ne juger le savoir qu'à son propre tribunal. **3.** L'homme éclairé n'est pas meilleur moralement mais il est apte à concevoir par la seule raison l'idée de bien dans sa pureté.	par les desseins ambitieux des États. Bien plus, la liberté civile ne peut plus être attaquée sans que le préjudice ne s'en fasse sentir dans tous les métiers et en particulier dans le commerce[1] ; mais, du même coup, ce sont les forces des États dans leurs relations extérieures qui risquent de s'affaiblir. Or cette liberté ne cesse de s'étendre davantage. Lorsqu'on empêche le citoyen de chercher son bien-être par tous les moyens qui lui plaisent, à la seule condition que ceux-ci puissent s'accorder avec la liberté des autres, on entrave le dynamisme de l'activité générale et par suite, à leur tour, les forces de l'ensemble. C'est pourquoi la limitation imposée aux personnes dans leurs faits et gestes est progressivement supprimée, de même qu'est accordée la liberté universelle de la religion. Ainsi percent peu à peu, encore entremêlées d'illusions et de chimères, les *Lumières*[2]. C'est là un grand bien, que le genre humain doit tirer même des projets égoïstes d'expansion de ses souverains, pourvu que ceux-ci comprennent où est leur véritable intérêt. Or ces Lumières et, avec elles aussi, un certain attachement que l'homme éclairé ne peut manquer de témoigner à l'égard du bien dont il a la parfaite intelligence[3], doivent peu à peu accéder jusqu'aux trônes et même exercer une influence sur leurs principes de gouvernement. Ainsi, par exemple, bien que jusqu'à présent nos gouvernements ne trouvent jamais d'argent à consacrer aux établissements d'éducation publique, et de façon plus générale à tout ce qui touche au bien commun parce que tout est déjà par avance investi dans la guerre à venir, ils finiront cependant par découvrir leur propre intérêt à ne point empêcher les efforts privés, certes faibles et lents, de leurs peuples dans ce domaine. Et enfin, la guerre elle-même, non seulement devient une entreprise aux mécanismes très complexes et d'une issue très incertaine pour les deux camps, mais elle s'avère en outre une entreprise très hasardeuse en raison des conséquences fâcheuses que subit l'État sous le poids toujours croissant de ses dettes (c'est là une invention moderne), dont l'amortissement devient imprévisible. En même temps, l'influence que l'ébranlement d'un seul État fait subir à tous les autres, tant ils sont indissolublement liés les uns aux autres sur notre continent par leur industrie, devient si manifeste que, pressés par le danger qu'ils représentent eux-mêmes et bien que dépourvus du prestige de la légalité, ils s'offrent comme arbitres et ainsi, de loin, préparent tout en vue de l'avènement d'un grand corps politique

futur, dont le monde n'a jusqu'ici produit aucun exemple. Bien que pour le moment ce corps politique n'existe guère qu'à l'état d'ébauche très grossière, toutefois s'éveille déjà comme un sentiment chez tous ses membres dont chacun est attaché à la conservation du tout. Ce qui donne l'espoir qu'après maintes révolutions dans cette transformation, finisse un jour par s'établir ce que la nature a pour dessein suprême de réaliser, à savoir une *situation cosmopolitique* universelle[1] telle qu'en son sein se développeraient toutes les dispositions originelles de l'espèce humaine.

Neuvième Proposition

Une tentative philosophique pour traiter l'histoire universelle selon un plan de la nature qui vise à l'unification politique parfaite dans l'espèce humaine, doit être considérée comme possible et même comme susceptible de favoriser ce dessein de la nature.
C'est apparemment un projet étrange et déraisonnable que de vouloir écrire l'histoire d'après une idée du cours que le monde devrait suivre s'il était censé se conformer à certaines fins raisonnables[2]. Pareille intention, semble-t-il, ne peut aboutir qu'à un roman... Pourtant, s'il est permis de poser que la nature ne procède jamais sans plan ni visée finale, y compris dans le jeu de la liberté humaine, il se pourrait bien que cette idée soit utilisable, et bien que nous ayons une vue trop courte pour pénétrer le mécanisme secret de son organisation, il est permis de penser que cette idée pourrait nous servir néanmoins de fil conducteur pour présenter, à grands traits du moins, comme un *système*[3] ce qui, sans cela, resterait un *agrégat* d'actions humaines ne manifestant aucun plan. Commençons par l'histoire *grecque*, car c'est grâce à elle que toutes les autres histoires, qu'elles soient plus anciennes ou contemporaines, doivent d'avoir été conservées pour nous, ou tout du moins ont pu nous être rendues crédibles[a]. Si l'on suit

---

a. Seul un public instruit qui s'est maintenu en permanence depuis son apparition jusqu'à nous peut garantir l'authenticité de l'histoire ancienne. En dehors de lui, tout est *terra incognita*, et l'histoire des peuples qui vécurent en dehors de lui ne peut être entreprise qu'à partir du moment où ils y sont rentrés. C'est ce qui arriva avec le peuple juif à l'époque des Ptolémées grâce à la traduction grecque de la Bible sans laquelle on n'accorderait que peu de crédit aux récits isolés qui la composent. À partir de ce moment (lorsque ce point initial est préalablement bien établi), on peut remonter le cours de ces récits et de même pour tous les autres peuples. La première page de Thucydide (dit Hume) est l'unique commencement de toute l'histoire véridique.

---

1. Il n'est pas question ici d'un État cosmopolitique*, mais d'état (*Zustand*), qu'on traduit faute de mieux par « situation cosmopolitique », ce qui attire notre attention sur la difficulté théorique inhérente à la réalisation de l'idée cosmopolitique.
2. N'est-ce pas une chimère de concevoir l'histoire conformément à ce qu'elle devrait être ? Non, si l'idée d'un progrès selon le droit et les relations cosmopolitiques obéit à une exigence *a priori* fondée sur la raison pure elle-même.
3. Seule l'idée d'une histoire universelle d'un point de vue cosmopolitique permet de transformer un agrégat en système*, ce que l'on peut considérer aussi bien d'un point de vue diachronique que synchronique :
– en effet, par l'exigence d'une constitution civile, puis d'une union cosmopolitique où les individus s'accordent selon le droit, l'humanité s'achemine d'une collection indéterminée d'individus vers une communauté d'êtres libres et raisonnables ;
– les générations ne constituent plus une succession sans signification mais un tout organisé dont le devenir orienté est une histoire. Kant ne prétend pas livrer un système intégral puisqu'il faudrait pour cela que l'histoire fût achevée (voir A. Philonenko, *op. cit.*, p. 115).

l'influence de cette même histoire sur la formation et l'éclatement du corps politique du peuple *romain* qui avait absorbé le corps politique grec puis l'influence du corps politique romain sur les *barbares* qui à leur tour le détruisirent pour parvenir jusqu'à notre époque, si, à cela, on ajoute *accessoirement* l'histoire politique des autres peuples, telle que la connaissance nous en est parvenue peu à peu précisément par l'intermédiaire de ces deux peuples éclairés, on découvrira un cours régulier dans l'amélioration de la constitution politique de notre partie du monde (qui vraisemblablement donnera un jour ses lois à toutes les autres). En outre, si l'on porte partout son attention sur la constitution politique et ses lois, et sur les rapports entre les États, et si l'on considère comment ces deux éléments ont servi pendant un certain temps par ce qu'ils renfermaient de bon à élever les peuples (et avec eux aussi les arts et la science) et à les magnifier, mais aussi par les vices inhérents à leur nature à précipiter leur chute, de telle sorte toutefois que toujours un germe de lumière demeurât qui, développé davantage par chaque révolution, préparait un plus haut degré d'amélioration pour les successeurs, on découvrira ainsi, comme je le crois, un fil conducteur qui ne sera pas simplement utile à l'explication du jeu si embrouillé des choses humaines ou à l'art politique de prédire les changements futurs dans les États (profit qu'on a déjà tiré de l'histoire des hommes alors même qu'on la considérait comme le résultat incohérent d'une liberté sans règles) ; mais c'est au contraire une perspective consolante sur l'avenir qui s'ouvrira ainsi (ce que l'on ne saurait être fondé à espérer si on ne présuppose pas un plan de la nature), perspective dans laquelle l'espèce humaine est représentée dans un avenir éloigné comme travaillant cependant à s'élever enfin à un état où tous les germes que la nature a déposés en elle pourront être entièrement développés et où sa destination sur terre pourra être pleinement accomplie. Pareille *justification* de la nature, ou mieux de la *Providence*, n'est pas un motif négligeable de choisir un point de vue particulier pour considérer le monde. À quoi sert en effet d'admirer la splendeur et la sagesse de la création dans le règne de la nature d'où la raison est absente et d'en recommander la contemplation, si la partie du théâtre de la sagesse suprême[1] – qui précisément contient la finalité de l'ensemble[2], à savoir l'histoire de l'espèce humaine - doit demeurer une éternelle objection dont la seule vue

---

1. Certes Kant tient les termes *dessein de la nature, Providence, sagesse suprême* pour équivalents mais, une fois admis que, dans tous les cas, leur emploi reste métaphorique, ne pourrait-on justifier un recours préférentiel à l'un ou l'autre de ces termes suivants le type de finalité auquel il se réfère ?

2. Si on vérifie jusque dans le détail de leur organisation la finalité chez les êtres dépourvus de raison, *a fortiori* faudra-t-il la reconnaître chez le seul être doué d'entendement, donc capable de se proposer des fins, et, en tant que personne morale, le seul susceptible de donner un sens à la création (*C.F.J.* § 84, Vrin, p. 245).

nous contraint à détourner notre regard avec indignation et nous amène à désespérer de jamais rencontrer ici-bas un dessein raisonnable qui puisse être conduit à son terme, à n'espérer cette rencontre que dans un autre monde[1] ?

Croire que par cette idée d'une histoire universelle qui possède en quelque sorte un fil conducteur *a priori*, j'ai voulu évincer l'étude de l'histoire proprement dite, comprise de manière purement *empirique*, serait mal interpréter mon intention. Il ne s'agit là que d'une idée de ce qu'une tête philosophique (qui au demeurant devrait posséder une connaissance éminente de l'histoire) pourrait tenter en adoptant un autre point de vue. En outre, la minutie[2] par ailleurs fort louable avec laquelle nous rédigeons aujourd'hui l'histoire de notre temps, ne peut manquer de donner à réfléchir à tout un chacun : comment les générations futures s'y prendront-elles pour se saisir du fardeau de l'histoire que nous pourrons laisser d'ici quelques siècles ? Sans aucun doute, elles apprécieront l'histoire des temps les plus reculés, dont les documents auront certainement disparu pour elle depuis longtemps, du seul point de vue de ce qui les intéresse, c'est-à-dire du point de vue de ce que des peuples ou des gouvernements ont accompli de positif ou de négatif sur le plan cosmopolitique. Cela doit être pris en considération et orienter l'ambition des chefs d'État et de leurs serviteurs, et diriger leur attention vers l'unique moyen qui leur permette de transmettre un souvenir glorieux à la postérité : voilà encore un motif de plus pour tenter une histoire philosophique.

---

1. L'immortalité de l'âme est invoquée ici pour compenser le désespoir où l'absurdité de l'histoire plonge l'individu qui, conscient de son devoir moral, a le sentiment de l'accomplir en vain.

2. Seule l'histoire philosophique fournit à l'histoire empirique le fil conducteur qui permet de juger en quoi les peuples ont contribué ou non au progrès cosmopolitique. S'il n'adopte pas ce point de vue, l'historien risque de se laisser aveugler par le souci du détail, rendant ainsi l'histoire illisible.

Forêt domaniale de Réno-Valdieu dans le Perche (Orne)
« Ainsi dans une forêt, les arbres, du fait même que chacun tente de ravir à l'autre l'air et le soleil, sont contraints réciproquement à chercher l'air et le soleil au-dessus d'eux, et de ce fait, ils poussent beaux et droits ; tandis qu'en liberté et séparés les uns des autres, ils lancent leurs branches comme il leur plaît et poussent rabougris, tordus et courbés. »
Emmanuel Kant, *Idée d'une histoire universelle au point de vue cosmopolitique*,
« Cinquième Proposition », p. 38.

Dossier

Concepts clés

citoyen du monde

Ce n'est pas le citoyen d'aucun État à la manière stoïcienne*. Ce n'est pas davantage le citoyen d'un État mondial, conçu comme une confédération juridique entre les peuples pour établir un état de paix permanent. Le citoyen raisonnable du monde est l'homme qui refuse sa particularité et son égoïsme pour s'ouvrir au devoir cosmopolitique* (voir **Dossier**, Concepts clés : cosmopolitique, cosmopolitisme).

Ainsi, le citoyen du monde n'est pas de l'ordre du fait, pas même d'un fait dont l'avènement serait envisagé dans un avenir lointain. Son statut doit être pensé comme une tâche à accomplir, la tâche de réaliser l'humanité, entendue non comme l'unité naturelle du genre humain, mais comme l'union systématique des hommes par le droit et par les principes de la morale. C'est donc une idée de la raison, c'est-à-dire de la raison pratique définissant le sens de son progrès.

Dès lors, le citoyen du monde, en tant qu'il appartient à l'humanité comme idéal de la raison, se perçoit comme membre d'une république idéale où l'ordre juridique et le règne des fins se confondent dans une même visée, chacun participant à la même tâche éthico-juridique.

Le citoyen du monde est donc celui dont la volonté est universelle et qui se sent concerné par tout ce qui touche à la liberté, à la justice, à la dignité, bref au respect des droits de l'homme dans le monde : « Une atteinte au droit en un seul lieu de la terre est ressentie par tous » (voir *P.P.P.*, coll. « Intégrales de Philo », Nathan). Il se définit comme citoyen du monde en tant qu'il éprouve le sentiment d'obligation de contribuer à la réalisation de l'humanité.

constitution civile

1. La société civile :

a. définition : elle désigne pour Kant « la réunion d'une masse d'hommes soumis à des lois de droit » (*Droit*, § 45, Vrin, p. 195). Avec la société civile, on ne dépasse pas l'exercice du droit, la stricte légalité, c'est-à-dire l'égale soumission des individus à des lois extérieures. Le caractère extérieur de la loi a pour corrélat un « pouvoir irrésistible » sans lequel elle ne saurait s'imposer efficacement, tant qu'elle ne relève pas de l'autonomie, c'est-à-dire d'une raison qui se donne à elle-même sa propre loi.

b. genèse : la société civile résulte d'un processus extorqué, c'est-à-dire arraché à l'homme à son insu par la ruse de la nature. L'insécurité et la détresse engendrées par l'insociable sociabilité, l'antagonisme des passions, contraignent les hommes à se soumettre à un ordre légal. Voir **Dossier,** Thèses pp. 63-64.

c. conditions : la conception d'une société civile suppose réunies deux exigences contradictoires : le maximum de liberté a pour corollaire le plus haut degré de contrainte. Voir **Dossier,** Thèses pp. 64-65.

2. Une constitution parfaitement juste suppose le passage à la moralité : même si un tel passage est rendu possible par la nature, il ne peut, en aucun cas, résulter de la finalité naturelle.

La réalisation d'un ordre légal peut résulter jusqu'à un certain point d'un processus mécanique comme en témoigne la métaphore de la forêt. Mais l'idée d'une constitution parfaitement juste est un idéal de la raison pratique qui fait nécessairement appel à la liberté morale. Une constitution civile « parfaitement juste » ne suppose-t-elle pas, alors, un législateur capable de rédiger des lois justes ?

La réalisation du droit parfait repose désormais sur la moralité, comme l'affirme clairement la *Critique de la raison pure* (PUF, p. 265). La constitution civile parfaite, en tant qu'idéal de la raison, indique un idéal dont on ne peut que s'approcher et dont la limite asymptotique est l'indication d'une tâche infinie à accomplir.

Toutefois, bien que l'idéal d'une constitution civile parfaite soit, comme toute idée de la raison, inaccessible concrètement, philosophiquement nous ne pouvons juger une telle réalisation impossible puisqu'elle relève de la liberté à laquelle on ne peut assigner de limite.

En conclusion, la définition de la constitution civile parfaite dans l'*Idée d'une histoire universelle* rejoint les définitions de la république que donne Kant dans la *Critique de la raison pure,* dans la *Doctrine du droit* et dans le *Projet de paix perpétuelle.*

cosmopolitique, cosmopolitisme

Dans l'*Idée d'une histoire universelle*, ce concept, d'origine stoïcienne, ne peut être assimilé au refus d'appartenir à aucun État, par un esprit affranchi des préjugés et des coutumes d'une nation particulière.

Le cosmopolitisme ne désigne pas davantage le fruit des échanges politiques, économiques et culturels dans le monde, lié à l'expérience du voyage, au progrès des communications ou au brassage ethnique. En ce sens, on parlerait plutôt d'« esprit cosmopolite ».

Il ne s'agit pas non plus de la seule exigence d'une confédération juridique entre les peuples aux fins d'établir un état de paix permanent car le cosmopolitisme, chez Kant, présente l'ambiguïté d'un principe à la fois politique, juridique et moral. C'est pourquoi Kant emploie soit le terme *Zustand*, « état », que l'on traduit faute de mieux par « situation cosmopolitique » (et non la notion d'État), soit celui de *Absicht*, comme l'indique le titre *Idee Zu Einer Allgemeinen Geschichte in Weltbürgerlicher Absicht*. Le terme désigne une « perspective », correspondant à une idée de la raison. En tant qu'idée de la raison pure, elle n'a aucun objet qui lui corresponde dans la réalité : elle n'est donc pas une connaissance mais elle a une fonction heuristique et régulatrice sur le plan théorique. Mais, sur le plan pratique, la loi morale exige que nous lui donnions des objets. Cet infini que contient l'idée n'est donc pas à connaître mais à réaliser. L'idée est ainsi un principe pratique, principe de notre action morale dans le monde.

1. Sur le plan juridico-politique, la coexistence pacifique des États comporte une exigence d'arbitrage supranational, ce qui ne justifie pas pour autant, aux yeux de Kant, l'établissement d'un gouvernement mondial. Voir **Dossier**, Concepts clés : société des Nations, p. 58.

Le cosmopolitisme repose-t-il essentiellement sur la nature de la constitution civile des États, qui ne peut être que républicaine, puisque les républiques sont pacifiques par nature (voir **Dossier**, Thèses p. 67 et Documents n° 5, pp. 75-76). C'est le concept de citoyenneté, plus que celui de souveraineté, qui est le plus apte à définir la double dimension, nationale et internationale, du cosmopolitisme. En effet, la vocation cosmopolitique de la citoyenneté ne se rattache pas tant à une législation cosmopolitique qu'à la source pure du droit qu'est le contrat originaire, avec l'exigence d'universalisme contenue dans le concept de volonté générale. Si bien que le cosmopolitisme s'incarne parfaitement dans le citoyen du monde : le citoyen du monde est celui dont la volonté est universelle et qui se sent concerné par tout ce qui touche à la liberté, donc à la dignité de l'homme dans le monde.

2. Sur le plan éthique, l'idée d'une humanité cosmopolitique est également principe de réalisation, au sens où l'idée de la raison pratique est dite « principe de la possibilité de réaliser l'objet nécessaire de la raison » (*C.R.P.* chap. 2, PUF, p. 59 *sq.*). Elle se présente donc comme un devoir, l'indication d'un progrès à accomplir, ce qui constitue la tâche primordiale de l'humanité.

Le cosmopolitisme est donc une fin, dans le double sens du terme : il doit marquer l'achèvement de l'âge des guerres, mais il est aussi le but ultime où la nature conduit notre espèce, à savoir notre destination pratique. Cette fin est un nouveau commencement puisque c'est dans une organisation cosmopolitique que le complet développement de toutes nos dispositions peut se réaliser.

dessein de la nature

Hypothèse, fondée en raison, d'un devenir sensé de l'histoire humaine conforme à un plan caché de la nature. C'est donc l'idée d'une progression de l'espèce humaine, indépendante de nos fins conscientes et délibérées, et subordonnée à la seule finalité naturelle : la nature dirige, malgré nous, le cours de notre histoire, en nous forçant à actualiser les dispositions de notre espèce dans la succession indéfinie des générations.

Kant fonde l'hypothèse d'un dessein de la nature sur le principe de finalité, principe réfléchissant, c'est-à-dire non susceptible d'engendrer des connaissances objectives, mais idée régulatrice de la raison, et il élabore cette notion selon une démarche rigoureuse :

a. *Le recours à la finalité naturelle* : il commence par situer l'homme dans son animalité, en se plaçant du strict point de vue de l'observation et des faits : « Nous trouvons par l'expérience, dans toute la nature, qu'aucun animal n'a d'organe, ni de faculté, ni de pouvoir en vain, mais qu'ils ont tous leur utilité et leur fin déterminée » (*Leçons de métaphysique*).

– Il tire de cette observation une conséquence d'ordre méthodologique : si nous ne voyons pas dans l'expérience l'utilité d'un organe ou d'une disposition, nous devons systématiquement la chercher.

– Le constat de la finalité dans les organismes vivants le conduit logiquement, selon un raisonnement par analogie, ou plus précisément *a fortiori*, à l'hypothèse d'un dessein de la nature englobant la destinée de l'espèce humaine. Si on vérifie, jusque dans le détail de leur organisation, la finalité chez l'animal, être dépourvu de raison et mû uniquement par l'instinct aveugle, *a fortiori* faudra-t-il reconnaître cette finalité chez le seul être doué de raison, donc capable de se proposer des fins (voir *C.F.J.*, § 84, Vrin, p. 245.).

b. *La destination morale de l'homme :* la finalité d'une créature raisonnable est d'accomplir sa destination d'être raisonnable : il ne peut s'agir de notre bien-être ou de la satisfaction de nos besoins car ceux-ci peuvent être obtenus plus aisément par l'instinct. La présence en nous de la raison signifie que la nature nous réserve une destination plus haute que le bien-être et le bonheur, à savoir l'exigence morale, l'estime raisonnable de soi. Celle-ci provient de ce que l'homme ne doit rien qu'à lui-même, à sa liberté, au mérite de ses efforts, et elle s'identifie, dans la philosophie critique de Kant, au respect, sentiment rationnel qui nous fait reconnaître notre éminente dignité d'être libre et raisonnable.

c. *La réalisation du dessein de la nature comporte en fait deux étapes :*
– tout d'abord la société civile, un ordre légal induisant une moralité extérieure, où les créatures raisonnables que sont les hommes, n'étant

pas orientées naturellement vers le bien, ont besoin d'être contraintes par un maître et soumises à des lois;

— mais il entre également dans le dessein de la nature que les hommes en prennent conscience car, s'ils ne s'approprient pas ce dessein pour y collaborer et en faire la tâche pratique de la raison, cette dernière leur paraîtra une disposition vaine. La nature a ainsi pour visée son propre dépassement dans l'action assumée librement par des hommes éclairés, conscients de leur véritable destination morale. La visée ultime de la nature doit donc se confondre avec l'idéal cosmopolitique, c'est-à-dire une communauté universelle d'êtres libres et raisonnables, l'union systématique des hommes par le principe du droit et de la moralité. La nature veut que la réalisation du droit parfait, c'est-à-dire son dessein ultime, devienne la tâche même de la raison pratique.

d. *La ruse de la nature*: quels sont les moyens qu'utilise la nature pour réaliser son dessein?

Dans la première étape, c'est dans l'insociable sociabilité que la nature puise les moyens propres à l'accomplissement de ses fins. La ruse de la nature conduit ainsi à la concorde par le moyen de la discorde, et c'est ainsi l'obstacle même qui est converti en moyen. Il s'agit là d'un processus purement mécanique: les hommes se redressent parce qu'ils sont dressés les uns contre les autres, et l'ordre juridico-politique est un progrès extorqué, c'est-à-dire arraché à notre insu par l'insociable sociabilité. La nature obtient à elle seule que les hommes se redressent, le droit étant l'institution de cette rectitude.

Dans la deuxième étape de l'accomplissement de son dessein, la nature fait appel à la volonté des hommes éclairés, conscients de leur destination morale. L'insociable sociabilité ne produit pas la moralité qui ne saurait être imposée du dehors: elle force seulement l'homme à développer ses dispositions morales. Kant maintient une discontinuité radicale entre nature et liberté, finalité naturelle et finalité morale.

Si la visée ultime de la nature est, en ce qui concerne l'espèce humaine, le développement complet de ses dispositions, et plus précisément la réalisation de sa destination morale dans l'idéal cosmopolitique, c'est-à-dire l'unification du genre humain, la raison doit prendre conscience que c'est un devoir pour elle d'y travailler. Dès lors, c'est à partir du moment où le dessein de la nature devient la tâche primordiale de l'humanité, qu'il incombe à la raison pratique de relayer la ruse de la nature. De fait, il ne s'agit pas, à proprement parler, de relai ou de substitution puisque la raison seule est impuissante, mais simplement de l'obligation qu'éprouve le citoyen du monde d'avoir à contribuer au progrès de l'humanité, à collaborer au dessein de la nature pour en accélérer l'avènement. Désormais, c'est l'exigence morale de la raison pratique qui définit le sens du progrès.

fil conducteur

Le fil conducteur indique le point de vue de Kant sur l'histoire, à savoir celui du développement final des dispositions humaines selon un dessein de la nature. Il s'agit d'un principe régulateur et non constitutif, c'est-à-dire non générateur d'une vérité objective. Il a donc le statut d'une hypothèse raisonnablement fondée.

Il ne se confond pas avec le dessein de la nature lui-même, mais il est l'idée qu'en a le philosophe ou l'homme éclairé, car il entre dans le dessein de la nature que l'homme en prenne conscience :
– afin qu'on puisse écrire l'histoire en fonction de cette idée directrice ;
– afin que les hommes, devenant conscients de ce qui agit à leur insu, puissent collaborer librement au dessein de la nature.

C'est dans l'analogie de la finalité naturelle avec la finalité morale, plus exactement dans un raisonnement *a fortiori*, que Kant trouve ce fil conducteur : si on doit considérer l'abeille et le castor comme des espèces dont l'instinct relève d'une fin de la nature, à plus forte raison faudra-t-il reconnaître la finalité à l'espèce humaine, douée de raison et proposant des fins à son action.

Il faut donc considérer l'histoire muni de ce fil conducteur de la finalité naturelle. Et c'est parce que l'histoire confirme que la nature ne refuse pas la raison et même lui prépare la tâche, que le philosophe est en droit de considérer le fil conducteur comme une hypothèse fondée en raison.

Il ressort de l'ensemble de ces considérations que nous devons comprendre le fil conducteur chez Kant :

1. comme une idée régulatrice, une exigence *a priori* de la raison pure, principe de l'intelligibilité rationnelle de l'histoire (voir *C.F.J.* § 67) ;

2. comme le tracé dont la limite asymptotique est l'humanité ; il est alors l'indication d'une tâche infinie à accomplir pour la raison pratique ;

3. enfin, le fil conducteur de l'histoire réelle (*Historie* en allemand), idée d'un devenir sensé de l'espèce humaine, doit être en même temps le fil conducteur que le philosophe propose à l'historien pour la rédaction de l'histoire (*Geschichte* ; voir Neuvième Proposition, dernière partie, Résumé – guide de lecture p. 30 et note 2 p. 47).

histoire universelle

Avant de préciser le sens de ce concept, il est indispensable de dégager la double ambiguïté du terme *histoire* qui désigne à la fois :

1. a. l'histoire rédigée par les historiens (*Geschichte*), c'est-à-dire la connaissance empirique du devenir humain, le récit des actions humaines singulières ;
b. le devenir empirique proprement dit des individus, des groupes et des peuples, c'est-à-dire la succession des événements, des actions humaines singulières (*Historie* : l'*Historie* est l'objet de la connaissance historique, *Geschichte*).

Mais l'hypothèse d'un dessein de la nature conduit Kant à opérer une seconde distinction :
2. a. L'histoire philosophique n'est pas une autre histoire mais un autre regard jeté sur le devenir empirique, celui qu'adopte le philosophe en se plaçant avec un recul suffisant pour comprendre le sens du devenir humain. Le philosophe ne cherche pas, précisons-le, à substituer à l'histoire des historiens une histoire rationnelle systématique. Mais, à défaut de lois universelles comme en établissent les physiciens, il tente de mettre en évidence, au-delà de l'inextricable enchevêtrement des événements, un développement continu, une orientation intelligible du devenir historique. En bref, il propose aux historiens un fil conducteur pour la rédaction de l'histoire empirique. Ce fil conducteur n'est pas un schéma plaqué artificiellement sur le cours de l'histoire, mais il apparaît clairement à celui qui adopte un point de vue global et ne se laisse pas aveugler par le souci du détail.
b. L'histoire universelle est le devenir de l'espèce humaine tout entière dans son unité à la fois synchronique et diachronique, ce qui suppose un développement continu au cours des siècles. Ce n'est pas le devenir empirique des individus, des groupes et des peuples. Ce n'est pas une réalité concrète mais une idée ou idéal de l'humanité comme espèce immortelle, appelée à développer toute sa nature perfectible dans la suite infinie des générations. Il s'agit donc d'une idée régulatrice de la raison, celle d'un progrès continu de l'espèce humaine conforme au dessein caché de la nature, que le philosophe s'est proposé de mettre en lumière.

humanité

Dans cet opuscule, le concept d'humanité est compris par Kant non au sens de *Menschlichkeit* (sentiment de bienveillance de l'homme pour l'homme) mais au sens de *Menscheit*. Ce terme désigne :
1. La forme sous laquelle la nature raisonnable nous est donnée.
2. L'espèce humaine : l'humanité ne se confond pas avec le concept empirique d'espèce naturelle, parce qu'elle n'est pas donnée concrètement et empiriquement. Ce n'est pas non plus l'unité logique du concept d'homme, à savoir l'essence de l'homme que possède chaque indi-

vidu, car l'homme est inachevé et ne peut se réaliser dans tel ou tel individu mais seulement dans l'espèce tout entière (voir note 3 p. 34).

L'espèce humaine doit être pensée en effet :

a. comme totalité, autrement dit dans son unité synchronique, sans égard aux parties (groupes ou nations) qui introduisent la discontinuité ;

b. comme histoire universelle, c'est-à-dire dans son unité diachronique, ce qui suppose l'idée d'un développement continu au cours des siècles. Ainsi faut-il embrasser du regard le destin de l'humanité tout entière, partout et toujours, pour en découvrir le sens.

3. C'est une idée régulatrice, au sens kantien et, plus précisément, une idée de la raison pratique, une tâche à accomplir. L'humanité est ainsi une totalité organique dont les membres sont solidaires et au progrès de laquelle tous doivent coopérer. En fin de compte, nous pensons l'humanité comme un unique peuple de citoyens du monde, tous réalisant en commun, de génération en génération, une même tâche éthico-juridique, où république idéale et règne des fins se confondent dans une même visée. « Le degré le plus élevé où doit s'arrêter l'humanité, non plus que la distance infranchissable qui sépare l'idée de sa réalisation, personne ne peut ni ne doit les déterminer, car il s'agit de la liberté qui peut franchir toute limite assignée » (*C.R.Pr.*, PUF, p. 265).

insociable sociabilité

Kant désigne par « insociable sociabilité » le mélange de sociabilité et d'insociabilité qui caractérise les relations humaines, ce double penchant qui entraîne les individus à la fois à rechercher la société de leurs semblables et à entrer en conflit avec eux.

Certes l'homme est naturellement sociable, il ne peut s'épanouir et développer ses dispositions naturelles que dans une vie en société. Mais, en même temps, ses passions, qui tirent toute leur puissance de l'égoïsme, le poussent « sous l'impulsion de l'ambition, de la soif de dominer ou de la cupidité, à se frayer une place parmi ses compagnons qu'il ne peut souffrir mais dont il ne peut se passer » (Quatrième Proposition).

Appliquant à l'histoire le modèle physique hérité de Leibniz, Kant pense l'insociable sociabilité sur le modèle de deux forces fondamentales, centrifuge/centripète, à la manière dont Rousseau envisageait déjà l'opposition entre amour de soi et pitié. L'insociable sociabilité est un concept fondamental pour Kant, car elle constitue le facteur dynamique du développement de la raison, le véritable et unique moteur de l'histoire… En effet, parce que les passions s'affrontent, non seulement elles éveillent et décuplent les forces de nos dispositions originelles, mais elles les transforment, nous obligeant à nous élever et à nous dépasser.

société des nations : *Völkerbund*

Fédération d'États libres dont l'union résulte d'abord d'un processus extorqué comme la formation des États, selon le principe de l'antagonisme qui prend ici la forme de la guerre. La ruse de la nature conduit encore à la concorde par le moyen de la discorde. Mais, à ce stade de l'évolution de l'humanité, les progrès accomplis grâce à la culture et à la civilisation dans les États constitués amènent les esprits éclairés à envisager une forme d'association garantissant la paix et la sécurité entre les États. Cette fédération d'États libres a donc un caractère volontariste beaucoup plus prononcé que la constitution de la société civile.

Sans doute doit-on à la genèse complexe de ce concept son statut nécessairement ambigu : cette fédération d'États libres est « semblable à une communauté civile », sans qu'on puisse pour autant lui appliquer les principes constitutionnels du droit interne comme à un véritable État, puisqu'elle est composée de peuples séparés et indépendants par nature. Les termes de « concertation » et de « législation commune » (Septième Proposition) désigneraient pour Kant un certain nombre de conventions réglant les rapports extérieurs entre les États fédérés et relevant de leur volonté générale, qui accorderaient comme mission au fédéralisme la garantie du respect de la souveraineté des États, de leur liberté et de leur protection contre toute attaque extérieure, à l'exclusion de toute autre compétence juridique, sociale ou économique.

Il n'est pas question ici d'un État supranational. Cependant, la coexistence pacifique entre les États comportant une exigence d'arbitrage supranational ne justifierait-elle pas l'établissement d'un gouvernement mondial ?

1. On sait que Kant en reconnaît le caractère utopique : la nature a séparé elle-même les peuples et les a poussés à entrer en conflit pour mieux accomplir son dessein (voir *P.P.P.*).

2. Kant estime la réalisation d'un gouvernement supranational peu souhaitable parce que l'hégémonie universelle risque de dégénérer en despotisme (voir *T.P.*, Vrin, p. 56).

3. C'est de la souveraineté des États qu'il attend, en fin de compte, la libre acceptation d'une limitation réciproque de leurs pouvoirs. C'est pourquoi ce qui importe le plus à Kant, c'est la nature de la constitution interne de chaque État qu'il considère comme déterminante pour la coexistence pacifique. Or, l'organisation la meilleure possible de la constitution civile sur le plan intérieur, celle qui prépare le mieux les citoyens d'un État à la compréhension des peuples et au respect de leur droit, c'est la république*, ou les États qui tendent vers la constitution républicaine. Pour Kant, le républicanisme a déjà une visée cosmopolitique par sa conception de la citoyenneté et par son respect des droits de l'homme (sans oublier que la volonté générale est, par nature, peu encline à voter la guerre).

Grandes thèses

1. L'histoire comme réalisation des dispositions en germe dans l'individu

- **Un changement de perspective dans l'approche de l'histoire : seule une réflexion globale, qui considère l'espèce humaine partout et toujours, permet de dégager une orientation intelligible du devenir humain**

    Pour établir sa thèse, Kant nous invite à un changement de perspective dans l'approche de l'histoire : il convient de dépasser le point de vue de l'historien pour qui l'histoire est une connaissance purement empirique du devenir humain, c'est-à-dire le récit des actions humaines singulières. Malgré le jeu de la liberté humaine qui a pour conséquence la complexité inextricable des causes, on doit pouvoir mettre en évidence, à défaut de lois universelles comme en établissent les physiciens, un développement continu, une orientation intelligible du devenir historique, à condition de prendre un recul suffisant et d'adopter un point de vue global. Pour découvrir le sens de l'aventure humaine, il faut embrasser du regard le devenir de l'humanité tout entière, partout et toujours, dans son unité synchronique sans égard aux parties (groupes ou nations), et dans son unité diachronique comme histoire universelle. Ainsi est-on à même de dégager non seulement un ordre et une régularité d'ensemble, que l'on saisit en se plaçant d'un point de vue statistique par-delà les caprices et l'arbitraire des volontés individuelles, mais un sens et une finalité du devenir humain.

- **Un raisonnement *a fortiori* : si tout, dans la nature, obéit au principe de finalité, à plus forte raison, ce principe s'applique-t-il à l'espèce humaine**

    Kant a lui-même démontré que l'idée de dessein – d'ordre téléologique – était un sophisme, qu'on ne pouvait pas user de la finalité comme d'un principe *a priori* de la connaissance objective, c'est-à-dire comme principe déterminant*, mais seulement comme principe réfléchissant*, idée directrice, fil conducteur pour la réflexion (*C.R.P.* Dialectique transcendantale, et *C.F.J.*, § 67, Vrin).

    Or c'est d'abord dans la réflexion sur la nature que la raison fait appel à l'idée de finalité : on ne peut comprendre les organismes vivants en termes de simple causalité déterministe et nous devons leur reconnaître une finalité interne. La force du raisonnement kantien, dans l'*Idée d'une histoire universelle*, consiste :

commentaire méthodique

1. À replacer, dès la Première Proposition, l'homme dans son animalité. Toutes les virtualités d'une créature sont destinées à se montrer un jour dans leur état de complet développement, c'est-à-dire dans un état où elles sont parfaitement appropriées à leur fin ou destination.
2. À se situer sur le plan de l'expérience (« cela est vérifié chez tous les animaux aussi bien par l'observation externe que par l'observation interne ou dissection »). Il précise ailleurs (*Leçons de métaphysique*) : « Nous trouvons par l'expérience dans toute la nature qu'aucun animal n'a d'organe ni de faculté ni de pouvoir en vain, mais qu'ils ont tous leur utilité et leur fin déterminée ».
3. À tirer de cette observation une règle méthodologique : si nous ne voyons pas dans l'expérience l'utilité d'un organe ou d'une disposition pour l'individu ou pour l'espèce, nous devons systématiquement la chercher et nous interdire d'affirmer qu'ils ne répondent à aucune finalité.

Nous devons ainsi user du principe de finalité « comme un fil conducteur de la raison », principe régulateur sans l'usage duquel la nature, livrée à un « hasard désolant », nous paraîtrait sans but.

Kant procède alors à un raisonnement *a fortiori* : si on vérifie, jusque dans le détail de leur organisation, la finalité chez les animaux, êtres dépourvus de raison, à plus forte raison faut-il la reconnaître chez un être raisonnable, seul capable de se proposer des fins. Ainsi, dans le domaine de l'histoire, champ des actions de la volonté libre, la causalité ne relie pas seulement des causes à des effets mais aussi des moyens à des fins.

- **Ce n'est pas dans les limites étroites d'une existence individuelle mortelle, mais dans la suite indéfinie des générations, c'est-à-dire dans l'espèce seule, que peut se réaliser le parfait accomplissement de la raison**

Dès lors, l'introduction, dans la Deuxième Proposition, de la disposition spécifiquement humaine qu'est la raison impose, pour rester fidèle au postulat initial de la Première Proposition, le passage de l'individu mortel à l'espèce immortelle qui, seule, peut réaliser le parfait accomplissement de cette disposition.

Le peu que la nature a donné à l'homme n'est pas un instinct compensatoire mais ce qui peut le libérer de la servitude de l'instinct, à savoir la raison, instrument universel d'adaptation qui nous rend aptes à toutes les fins. En effet, la raison, à la différence de l'instinct, n'est pas une faculté constituée : elle procède par tâtonnements et ne peut atteindre le plein développement de ses virtualités dans les limites étroites d'une vie individuelle mortelle. Le regard jeté sur la créature raisonnable dans les Propositions II et III n'est plus, comme dans la Première Proposition, celui du naturaliste qui découvre la finalité des êtres vivants, mais celui du philosophe qui voit dans l'inachèvement de l'individu humain la racine même de son historicité. Ce qui caractérise l'homme, c'est son indétermination originelle : « Tout animal est ce qu'il est ; seul l'homme, originellement n'est rien » (Fichte). Être raisonnable, c'est avoir à se faire (*Anthr.*, Vrin, p. 140).

C'est pourquoi le travail tient une place centrale dans la philosophie kantienne. C'est dans et par le travail que l'homme est livré à l'entière responsabilité de sa réalisation. Il procède de la nécessité d'arracher à la nature tout ce qu'elle ne lui offre pas spontanément. Œuvre de la raison technicienne, le travail est donc ce qui opère le passage de l'indétermination naturelle de l'homme à sa détermination, constituant, selon la formule d'Alexis Philonenko, « le schème* de la synthèse historique » (*op. cit.*, p. 89).

Le parfait accomplissement de la raison technicienne comme de la raison théorique ne peut donc se réaliser que dans l'immortalité de l'espèce, c'est-à-dire dans la suite infinie des générations. Cependant ce n'est pas seulement parce que l'homme est inachevé et riche de projets, mais parce qu'il porte en lui l'exigence morale, qu'il doit faire comme s'il disposait d'une vie illimitée. De même que la raison pratique postule l'immortalité de l'âme individuelle, dans le cadre d'une réflexion de l'histoire comme progrès, elle requiert l'immortalité de l'espèce pour pouvoir réaliser pleinement sa plus haute destination. Le raisonnement par lequel Kant met en évidence la vocation éthique de l'homme est simple : puisque notre bien-être peut être obtenu plus aisément par l'instinct, la présence en nous de la raison signifie que la nature nous destine à la vertu, que Kant définira précisément comme ce qui nous rend digne d'être heureux (*C.R.Pr.*, PUF, p. 120). *Aufklärer* atypique, Kant n'interprète pas la raison comme un pouvoir triomphant vouant l'homme à l'expansion matérielle et les sociétés à la richesse et au raffinement. Comme Rousseau, il sait que l'homme ne peut attendre de vraie satisfaction qu'en se rendant digne de sa propre destination morale.

Ainsi, la raison, à la fois technicienne, théorique et pratique (c'est-à-dire éthique), ne peut se réaliser que dans l'immortalité de l'espèce, comprise comme la suite indéfinie des générations. Précisons ici que l'espèce humaine est beaucoup plus qu'une succession empirique de générations : elle est une totalité organique, à la fois synchronique et diachronique, dont le devenir orienté est une histoire. Elle s'achève alors dans l'humanité dont elle doit être capable d'accomplir l'ultime finalité, à savoir l'idéal cosmopolitique. Celui-ci doit être conçu non seulement dans la réalisation juridico-politique d'une Société des nations, mais comme idée régulatrice et tâche pour la raison pratique. Il s'agit alors de l'unification du genre humain dans une communauté d'êtres libres et raisonnables.

Il y a cependant quelque chose de désespérant et de moralement inacceptable dans le fait de travailler pour des générations dont il n'est pas certain qu'elles soient reconnaissantes de cet héritage, ni même qu'elles sachent en faire un usage raisonnable. Le sacrifice des générations soulève donc une aporie qui réside dans cette contradiction : les mêmes principes pratiques qui nous conduisent à penser l'histoire comme progrès nous interdisent d'admettre que des êtres humains, et *a fortiori* des générations, deviennent les moyens d'une fin ultime qui leur échappe. Le caractère « énigmatique » et incompréhensible du sacrifice des générations tient à cette contradiction qui se révèle ici au cœur de l'exigence morale.

2. Le progrès comme dessein de la nature

- L'« insociable sociabilité », facteur constitutif de la « valeur sociale de l'homme », et véritable moteur de l'histoire

Plutôt que de nous lamenter devant les errances de l'histoire, source des déceptions qu'elle inflige à notre foi dans la finalité morale de notre espèce, observons-la munis de ce fil conducteur : la supposition que la nature – qui « ne fait rien en vain » – n'a pu mettre vainement en l'homme une telle finalité, de pareilles dispositions à se perfectionner et une telle volonté d'y parvenir. Supposons que la nature ait intentionnellement démuni l'homme à sa naissance afin qu'il ait tout à tirer de sa liberté, mais qu'elle l'ait pourvu de moyens qui le rendent apte à réaliser le parfait accomplissement de sa raison. Ces moyens, ce sont les passions antagonistes, le mélange de sociabilité et d'égoïsme qui conduit l'espèce de l'animalité à l'humanité. La nature contraint l'homme à s'humaniser. Parce qu'elles s'affrontent, les passions non seulement décuplent les forces de nos dispositions originelles, mais elles les transforment, nous obligeant à nous élever et nous dépasser. En stimulant l'ingéniosité, l'intelligence technicienne et, par voie de conséquence, la raison, elles entraînent l'humanité dans une lente ascension où se développent les talents, se forme le goût et se manifeste la progression constante des Lumières, médiation indispensable vers le discernement moral.

Il faut bien préciser ici la place de la culture : elle se situe pour Kant à mi-chemin entre l'état de nature et le « tout moral* », idéal d'une communauté d'êtres libres et raisonnables réunis par une reconnaissance commune de la loi morale. Mais si la culture constitue la « valeur sociale de l'homme », elle ne le moralise pas pour autant. Elle ne représente qu'une moralité extérieure, simple conformité des actions à la loi morale.

Kant insiste sur ce rôle de la civilisation et de la culture mais il en souligne aussi l'ambiguïté : la culture est à la fois moyen et obstacle. D'une part Kant fait l'éloge de la politesse, car l'apparence de la moralité est la preuve par l'expérience que la vertu exigée par la raison est possible. En ce sens, elle est incitation par l'exemple : « [...] Le fait que les hommes jouent ces rôles, les vertus dont ils ne font un certain temps qu'emprunter l'apparence, finiront bien par être réellement éveillés et par passer dans leur disposition d'esprit ». Mais, d'autre part, la politesse devient rapidement obstacle, car elle est fondée sur le mensonge. Aussi, « une fois les véritables principes développés et passés dans la manière de penser, il faut que cette fausseté soit peu à peu combattue avec force, parce que sinon elle corrompt le cœur et étouffe les bons sentiments sous l'ivraie de la belle apparence » (*Anthr.*, Vrin, p. 35).

Toutefois, la culture, en apprenant à l'homme à maîtriser ses penchants égoïstes, en fortifiant les forces de l'âme afin qu'elles leur résistent, nous révèle des fins supérieures plus élevées que celles que nous propose la nature. On peut donc voir en elle un facteur de moralisation (*C.F.J.*, § 83). Elle ne se substitue pas pour autant à la moralité qui exige une action délibérée de la volonté raisonnable. Autrement dit, le passage à la moralité, bien que rendu possible par la nature, ne saurait en aucun cas résulter de la finalité naturelle, car la liberté, en tant que principe inconditionné, ne trouve son fondement qu'en elle-même.

Ainsi, ce qui empêche l'humanité de s'endormir et de demeurer à l'état inachevé de l'espèce à sa naissance, c'est « d'avoir à résister aux maux où l'homme est plongé à l'état sauvage », c'est la lutte pour la survie, la friction des égoïsmes.

- **La société civile : comment la ruse de la nature parvient à extorquer à l'homme l'accord des volontés sous une loi commune**

La nature force l'homme à s'humaniser et à humaniser le monde selon un modèle et un but qui ne sont pas la simple expression des germes naturels, mais qui impliquent une véritable rupture avec la nature. Ce modèle est d'abord juridico-politique. La ruse de la nature consiste à *extorquer* à l'homme, c'est-à-dire à lui arracher à son insu, l'accord des volontés sous une loi commune : dans l'accord « pathologiquement extorqué », c'est la nature elle-même qui procède au choix des moyens, afin de réaliser son dessein, et cela sans référence aucune au bien ou au mal. Par un processus d'harmonisation quasi automatique, l'obstacle est converti en moyen : la violence, le déchaînement conflictuel des passions, sous l'effet de l'insécurité et de la détresse qu'ils engendrent, contraignent les hommes à se réunir sous une loi commune, à se soumettre à l'ordre légal. La tendance égoïste à l'insociabilité devient paradoxalement principe générateur d'ordre et de progrès.

Si la société civile est « pathologiquement extorquée », la fondation du droit est dénuée au départ de toute détermination éthique. Elle ne fait appel qu'à une liberté éclairée soumise à l'intelligence, sans référence à la morale, comme le montrera dans le *Projet de paix perpétuelle* l'aptitude d'un peuple de démons à se doter d'une constitution civile parfaite (voir **Dossier**, Documents n° 5 pp. 75-76).

La thèse de la ruse de la nature trouve dans la métaphore de la forêt l'expression éloquente de l'efficacité productrice propre aux antagonismes dans l'enclos de la société : les hommes vivant en société sont contraints à pousser droits et cette rectitude, n'étant pas l'œuvre délibérée de la raison humaine, résulte d'un simple processus mécanique, du jeu des forces en présence conçu sur le modèle newtonien de l'action réciproque. L'antagonisme des passions, la friction des égoïsmes, entraînent une limitation constante des volontés particulières : les hommes se redressent réciproquement parce qu'ils sont dressés les uns contre les autres. La contrainte du droit se situe dans le prolongement de ce processus purement mécanique. La nature a obtenu que les hommes se dressent ; le droit est l'institution de cette rectitude.

L'ordre juridique garantit la limitation réciproque des libertés de chacun, selon des lois universelles, annulant les effets désastreux de l'égoïsme et des passions, sans les détruire. « La contrainte civile ou légale est l'obstacle à ce qui fait obstacle à la liberté » (*Droit*, Vrin, p. 105). À la question de la coexistence des libertés au sein d'une société civile, Kant répond que cette dernière doit opérer la synthèse de deux exigences contradictoires :

– créer les conditions les plus favorables au libre jeu des rivalités, au désir de se surpasser et de surpasser les hommes, ce qui suppose un maximum de liberté ;

– empêcher que cette liberté n'empiète sur celle d'autrui, ce qui requiert une force publique qui l'emporte de manière irrésistible sur les volontés particulières. Le maximum de liberté a donc pour corollaire le plus haut degré de contrainte. Le caractère externe de la loi suppose ce pouvoir pour qu'elle puisse s'imposer efficacement, tant qu'elle ne relève pas de l'autonomie, c'est-à-dire d'une raison qui se donne à elle-même sa propre loi.

- **« Une constitution civile parfaitement juste » : un idéal éthico-politique de la raison, l'indication d'une tâche indéfinie à accomplir**

    Cette formule « une constitution parfaitement juste » est assez déconcertante : ne réintroduit-elle pas une dimension éthique à l'intérieur d'une perspective strictement naturaliste ? D'où une première aporie que soulève la Cinquième Proposition et qui se précise dans la Sixième. Kant y affirme en effet que l'homme, bien que doué de liberté et de raison, « a besoin d'un maître », parce qu'il est en même temps soumis à des penchants naturels qui le poussent à se soustraire aux lois dont la raison exige l'accomplissement. Dans la théorie politique de Kant, la nécessité du maître est en dehors du système de la ruse de la nature : c'est parce que le redressement des hommes courbés par leurs passions ne saurait être seulement l'effet d'un mécanisme naturel – comme le laissait entendre de manière optimiste la métaphore de la forêt – qu'il faut la contrainte d'un maître pour obliger l'homme à aller du courbe au droit.

    Or il semble que ce soit la quadrature du cercle que de trouver parmi les hommes un chef suprême qui soit « juste par lui-même » car, alors, il y aurait un homme qui n'aurait pas besoin d'un maître et il ne serait pas homme. Si le maître est pris dans l'espèce humaine, il faut admettre qu'il est courbé par nature. Et comment serait-il capable de rédiger des lois parfaitement justes et de les appliquer en toute justice ?

    La Sixième Proposition marque dès lors une rupture radicale avec la perspective naturaliste des précédentes. Introduire la nécessité d'un « chef suprême […] juste par lui-même », n'est-ce pas lier la réalisation du droit à une utopique vertu des hommes politiques, confondre l'idéal moral d'un règne des fins et la réalisation concrète d'une constitution politique républicaine ?

    On serait en droit de penser que la solution du problème politique, inscrite qu'elle est dans le dessein de la nature, est possible – comme elle le sera en 1795 pour le peuple de démons – dans la mesure où elle ne requiert pas une amélioration morale des hommes. Dès lors Kant pourrait affirmer, au terme des cinq premières Propositions, que ce n'est pas de la morale intérieure « que l'on peut attendre une bonne constitution de l'État, mais c'est de celle-ci qu'il faut attendre la bonne éducation morale d'un peuple » (Kant, *Projet de paix perpétuelle,* 1er Supplément, coll. « Intégrales de Philo », Nathan, p. 36).

L'aporie du problème politique – l'impossibilité d'une constitution parfaitement juste – ne tient-elle pas au primat, en 1784, de la perspective morale et à l'importance accordée à l'idée de *courbure*, c'est-à-dire au *mal radical* lié au choix originaire de l'égoïsme et des passions ?

Le même bois qui, dans la Cinquième Proposition, se redressait par un simple jeu mécanique au point de pousser haut et droit, est, dans la Sixième, tenu pour irrémédiablement courbé. L'homme ne pourra jamais devenir parfaitement droit. Mais, inversement, le mal, quoique enraciné dans l'homme, ne l'enferme pas dans un destin et ne contredit pas la perfectibilité. Il est clair cependant que le redressement de l'homme n'étant plus dans la Sixième Proposition un processus purement mécanique, relève de l'éducation pratique qui, à la contrainte exercée par le maître, associe l'appel à la bonne volonté. C'est pourquoi les hommes ne peuvent que tendre vers la rectitude. La réalisation du droit parfait repose désormais sur la moralité comme l'affirme clairement la *Critique de la raison pure* (PUF, p. 265). La constitution civile parfaite, en tant qu'idéal de la raison, indique un maximum dont on ne peut que s'approcher et dont la limite asymptotique est l'indication d'une tâche infinie à accomplir. Bien que l'idéal d'une constitution civile parfaite soit, comme toute idée de la raison, inaccessible concrètement, philosophiquement nous ne pouvons juger une telle réalisation impossible puisqu'elle relève de la liberté à laquelle on ne peut assigner de limite : « Le degré le plus élevé où doit s'arrêter l'humanité, non plus que la distance infranchissable qui sépare l'idée de sa réalisation, personne ne peut ni ne doit les déterminer, car il s'agit de la liberté qui peut franchir toute limite assignée » (*C.R.P.*, PUF, p. 265).

3. La perspective cosmopolitique consiste à réaliser l'union systématique des hommes par le droit et les principes de la morale

- De l'état de nature entre les États à une société des nations : la nature prévoyante utilise la folie meurtrière de la guerre pour amener les hommes là où la raison aurait dû les conduire sans la guerre.

Il faut dorénavant avoir en mémoire que la solution au plus grand problème pour l'espèce humaine – celui d'une constitution civile parfaitement juste – a été jugée impossible, mais qu'en tant qu'idée de la raison pratique, c'est un devoir d'y travailler et donc une tâche pour l'humanité. Les conditions de son instauration progressive ne concernent pas seulement l'organisation d'un État particulier, mais elles mettent en jeu les relations extérieures d'État à État. Car les États, en tant que communautés particulières, se rapportent les uns aux autres comme les individus à l'état de nature, c'est-à-dire selon les principes de l'antagonisme et de la discorde qui prennent ici la forme de la guerre.

Il est vrai que la guerre est l'objection la plus forte à l'affirmation du progrès comme dessein de la nature. Dans l'état de nature entre les États, autrement dit en l'absence d'une juridiction internationale garantissant leur sécurité, la guerre est une réalité quasi permanente. Une victoire, un traité peuvent bien mettre fin à une guerre en cours : ils ne mettent pas fin à l'état de guerre.

Or il est utopique de compter sur la raison et la sagesse des nations pour maintenir la paix. L'établissement d'une coexistence pacifique n'est pas le fruit d'une décision raisonnable mais d'un processus extorqué, en tout point analogue à celui que décrit Kant dans les Propositions précédentes. La nature prévoyante utilise la folie meurtrière de la guerre pour conduire l'homme là où la raison aurait dû le conduire sans la guerre. La violence initiale a fondé l'État, condition première de tout progrès. La même violence est à l'œuvre entre les États et c'est d'elle qu'on peut attendre une forme d'association qui leur apporte la paix et la sécurité. Telle est la ruse de la nature qui, ici encore, conduit à la concorde par la discorde.

- **Une juridiction supranationale ne peut s'imposer que si la force au service du droit international est plus forte que le plus fort des États**

La nécessité d'une fédération des nations résulte donc de la détresse et de l'insécurité engendrées par l'état de guerre. Seul l'état de nature confère à l'État le plus fort un droit sur le plus faible. Mais si chaque État admettait qu'en cas de conflit l'appréciation de son droit ne relève plus de la souveraineté mais d'une juridiction internationale, ou supranationale, s'il s'en remettait au pouvoir de cette instance pour faire respecter le droit, fût-il le plus petit des États, il serait assuré d'une solution légale du conflit qui ne devrait rien à la puissance relative des États. Il faut ainsi que la force du droit international soit plus forte que le plus fort des États pour que l'appréciation et le respect du droit de chaque État ne dépendent plus de la force.

- **La forme juridique souhaitable d'une société des nations : une fédération d'États libres et républicains dont la législation internationale est toujours révocable**

Le statut juridique d'une fédération des nations reste nécessairement ambigu pour Kant : elle est « semblable à une communauté civile », sans qu'on puisse pour autant lui appliquer les principes constitutionnels du droit interne comme à un véritable État, puisqu'elle est composée de peuples séparés et indépendants par nature.

Il ne peut, en effet, être question ici d'un État cosmopolitique, comme le laisse entendre le recours au terme *Zustand*, qu'on a traduit par «situation cosmopolitique». Il est vrai que la paix comporte une exigence d'arbitrage supranational, qui justifierait l'établissement d'un gouvernement mondial. Or on sait que Kant en reconnaît le caractère utopique et en estime la réalisation peu souhaitable (voir **Dossier**, Concepts clés p. 58). Il fonde donc la coexistence pacifique sur une fédération d'États libres, à caractère volontariste, dont la législation internationale reste toujours révocable.

Mais ce qui importe le plus à Kant, c'est la nature de la constitution interne de chaque État, qu'il considère comme déterminante pour leur coexistence pacifique. Le cosmopolitisme repose essentiellement sur la nature de la constitution civile des États, qui ne peut être que républicaine, car c'est l'organisation qui prépare le mieux les citoyens d'un État à la compréhension des peuples et au respect de leurs droits, donc à une paix durable. Voir **Dossier**, Concepts clés pp. 51-52 et p. 58.

En dernier ressort, c'est le concept de citoyenneté, plus que celui de souveraineté, qui intègre le mieux la double dimension, nationale et internationale, du cosmopolitisme. Le citoyen du monde est celui dont la volonté est universelle et qui se sent concerné par tout ce qui touche à la liberté, donc à la dignité de l'homme dans le monde: «Une seule atteinte au droit, dans un seul lieu de la terre est ressentie par tous» (*P.P.P.*, Nathan, coll. «Intégrales de Philo.», p. 29).

- **Les indices certains d'un progrès conforme à l'idée cosmopolitique**

L'hypothèse qu'un dessein de la nature oriente l'histoire de l'espèce humaine vers l'institution d'une situation cosmopolitique – seule condition pour que les dispositions de l'espèce puissent atteindre leur plein accomplissement – doit trouver «un tant soit peu» une confirmation dans l'histoire empirique, pour ne pas paraître une vaine utopie.

Il est essentiel que le spectacle de l'histoire ne démente pas totalement cet idéal, qu'il comporte des signes, «si ténus soient-ils», d'un plan de la nature conforme à la destination de l'espèce, de sorte que les individus soient en droit d'attendre de l'histoire autre chose que des «hasards désolants». Ces signes, Kant les observe d'abord dans les régularités statistiques, qui invitent à reconnaître, au-delà du désordre, «un cours régulier d'événements, obéissant à des lois universelles de la nature» (*I.H.U.*, Introduction). Ainsi interrogée avec le fil conducteur de la finalité naturelle, l'histoire confirme que la nature ne refuse pas la raison et même lui prépare la tâche.

Kant s'appuie donc sur un certain nombre d'indices déjà perceptibles du progrès. Or, quels sont ces indices? Kant insiste essentiellement sur l'interdépendance croissante qui marque les relations entre les États européens:

1. La compétition culturelle entre les peuples, engendrée par le goût que les esprits éclairés manifestent pour les arts et pour les sciences, contribue au progrès de la culture intérieure et à l'avènement des Lumières.

2. Le commerce favorise l'amélioration des relations entre les peuples. L'essor industriel et commercial, en intensifiant les échanges entre nations, écarte le risque des conflits armés. Kant rejoint ici le point de vue de Montesquieu (*Esprit des Lois*, I, XX, chap. II), pour qui le commerce conduit nécessairement à la paix entre les nations.

Kant, grand lecteur de Mandeville et d'Adam Smith, s'inspire ici des analyses économiques de la vertu du libre-échange, source de bien-être et de richesses entre les nations. Bien que le libre-échange constitue un processus purement mécanique fondé sur le seul jeu des rivalités et des passions, dans la mesure où il présuppose la libre circulation des personnes et des biens, il contraint les souverains à accorder une plus grande liberté civile. Celle-ci favorise à son tour le progrès des Lumières, l'esprit de tolérance et la libre expression des idées philosophiques, qui accélèrent la chute des despotismes et conduisent les peuples vers des constitutions d'esprit républicain.

De même, sur le plan politique, on peut affirmer qu'il y a progrès dans l'histoire à partir des Grecs, grâce au critère établi par la réflexion philosophique sur l'histoire, à savoir le perfectionnement de la constitution civile et des relations internationales. Ainsi, les différentes étapes de l'inscription du droit dans l'histoire marquent les différents degrés dans le progrès de la civilisation. Le droit tend à s'universaliser: notre continent « vraisemblablement donnera un jour des lois à tous les autres » (*I.H.U.*).

Si court que soit le chemin parcouru jusqu'ici par le progrès, il est donc permis de conclure à sa réalité car, malgré le caractère infiniment éloigné de son terme, sa courbe peut être esquissée, de la même manière qu'à partir d'une portion fort limitée d'une courbe le mathématicien peut extrapoler la courbe tout entière.

Ici encore, le bilan *a posteriori*, loin de contredire les perspectives de l'humanité considérée *a priori* comme progressant de façon régulière, les confirme plutôt ou, plus exactement, l'expérience de l'histoire et la réflexion philosophique sur l'histoire se confirment mutuellement.

- **La dimension éthique du cosmopolitisme ne fait qu'un avec la conscience qu'a le citoyen du monde d'avoir à contribuer au progrès de l'humanité**

Nous retrouvons dans la perspective cosmopolitique le même problème que soulevait l'exigence d'une « constitution civile parfaitement juste » : comment la dimension morale trouve-t-elle sa place dans un processus extorqué? Ce qui est extorqué, ce n'est évidemment pas le « tout moral », à savoir une communauté d'êtres libres et raisonnables, mais seulement une situation juridico-politique, une union progressive des nations résultant du seul jeu mécanique des forces. Le « sage dessein de la nature » ne saurait être de rendre l'homme plus moral au moyen d'automatismes dont les individus sont inconscients. Sinon, comment pourrait-elle assurer à l'humanité un avenir digne de son espèce?

En ce qui concerne l'espèce humaine, la nature a paradoxalement pour visée son propre dépassement en même temps qu'elle en est le moyen. Ainsi a-t-elle «voulu» que l'homme prenne conscience de la fin ultime à laquelle elle le destine, afin qu'il puisse en faire la tâche primordiale de sa volonté, qu'il contribue ainsi librement à sa réalisation et en accélère l'accomplissement. L'appartenance mais aussi l'arrachement de l'homme à la nature rendent nécessaire le double recours à la finalité naturelle et à la téléologie morale, justifiant ainsi la dimension à la fois juridique et éthique du cosmopolitisme.

Ainsi, à la certitude qui résulte du raisonnement inductif (à partir des indices, voir *supra*) s'ajoute la certitude morale qui rejoint le sens fort qu'a l'espérance chez Kant, celle d'une foi pratique dans la destination morale de l'homme. L'idée d'une humanité cosmopolitique se présente dès lors comme un devoir et travailler à cette tâche donne un sens à notre existence. Le cosmopolitisme, en tant qu'idéal de la raison pratique, ne fait qu'un avec la conscience qu'a le citoyen du monde* d'avoir à contribuer au progrès de l'humanité.

- **La dimension cosmopolitique vise à unir nature et liberté, ordre spontané et finalité morale**

Si l'ordre humain et son devenir doivent être une conquête de la liberté par la médiation d'un dessein de la nature, cette conquête ne sera ni le développement spontané d'une nature, ni l'acte intentionnel de la liberté. Ni naturalisme, ni volontarisme : en attribuant à la nature une intention pour l'homme, Kant fait droit à la possibilité d'un accord entre les fins de la liberté et la réalité d'une nature, c'est-à-dire à la possibilité d'un sens de l'histoire, possibilité posée à titre d'idéal.

De ces fins de la liberté, les moyens sont juridiques et politiques, les seuls convenant à une libre raison, à un être dont les fins dernières ne sauraient se réduire à son bonheur d'espèce. Mais, précisément, la finalité de ces moyens dépasse infiniment le plan politique. Ainsi, la dimension cosmopolitique vise à unir le plan de la liberté et celui de la nature, en représentant ce que pourrait être l'unité d'un genre humain qui serait devenu conforme à sa finalité originaire. La priorité de la disposition morale sur toutes les autres interdit que l'on interprète le progrès de manière évolutionniste et naturaliste – bien que Kant affectionne les métaphores continuistes («germe», «développement»). Les conquêtes «automatiques» de l'«insociable sociabilité» ne font qu'ouvrir la voie à la visée cosmopolitique. Celle-ci est le critère qui juge l'histoire, et non l'expression de ses automatismes. L'homme dispose de quoi juger l'histoire à partir de l'idée qu'il se fait de son avenir.

La perspective cosmopolitique ne doit pas justifier une attente passive qui se confierait au cours automatique des choses et jugerait du sens de l'histoire par l'événement ; elle est une «foi pratique», une espérance fondée en raison.

Autour de l'œuvre

▶▶ **1. La finalité de la nature : un besoin de la réflexion**

Dans la *Critique de la faculté de juger,* Kant admet une finalité formelle de la nature, à titre de « principe transcendantal » (condition *a priori* pour qu'une chose devienne objet de connaissance). Sa fonction est de rendre pensable la cohérence systématique de l'expérience, même si la connaissance n'en est pas possible. La notion de finalité est un simple principe régulateur pour la connaissance : il procure une maxime (principe pratique subjectif) au jugement réfléchissant, sans permettre d'établir une loi dans l'ordre des phénomènes. Ce principe sert de guide à l'entendement dans la connaissance de ce qui semble impossible à comprendre dans les termes d'un mécanisme de la nature (même s'il ne peut être connu que selon un tel ordre mécanique). C'est ce qui permet à Kant d'éliminer au titre d'illusion dogmatique les deux formes que la pensée de la finalité avait conservées au XVIIIe siècle : non seulement le finalisme aristotélicien rénové par Leibniz, selon lequel nos jugements téléologiques expriment l'essence même du réel, mais également la critique de Spinoza du « dessein » comme « asile d'ignorance ». Pour Kant, la critique est aussi infondée que la thèse (voir *C.F.J.*, Vrin, p. 209).

▼

§ 66. *Du principe du jugement concernant la finalité interne dans les être organisés.*

[…] Ce principe, qui est aussi la définition des êtres organisés, s'énonce ainsi : un produit organisé de la nature est celui en lequel tout est fin et réciproquement aussi moyen. Il n'est rien en ce produit, qui soit inutile (*umsonst*), sans fin, ou susceptible d'être attribué à un mécanisme naturel aveugle.

Ce principe, il est vrai, en sa cause (*Veranlassung*), doit être dérivé de l'expérience, c'est-à-dire de l'expérience qui est méthodiquement établie et que l'on nomme observation (*Beobachtung*) ; cependant, en raison de l'universalité et de la nécessité qu'il affirme d'une telle finalité, il ne peut reposer uniquement sur des raisons empiriques, mais doit avoir pour fondement un certain principe *a priori* (*irgend ein prinzip a priori*), même si celui-ci n'est que régulateur, et si ces fins ne se trouvent nullement dans une cause efficiente, mais seulement dans l'idée de celui qui juge. On peut donc appeler ce principe une maxime du jugement de la finalité interne des êtres organisés […].

§ 67. *Du principe du jugement téléologique sur la nature en général comme système des fins.*

[...] Ce principe de la raison ne lui appartient que subjectivement, c'est-à-dire comme maxime : tout dans le monde est bon à quelque chose ; dans le monde rien n'est vain ; et l'exemple donné par la nature dans ses productions organiques nous autorise, nous enjoint même de ne rien attendre d'elle-même et de ses lois, que ce qui est final dans l'ensemble.

Il va de soi que ce principe n'est pas un principe pour la faculté de juger déterminante, mais seulement pour la faculté de juger réfléchissante, que ce principe est régulateur et non constitutif, et que, ce faisant, nous obtenons seulement un fil conducteur pour considérer les choses naturelles en relation à un principe de détermination, déjà donné, suivant un nouvel ordre légal et pour élargir la connaissance de la nature (*Naturkunde*) d'après un autre principe, je veux dire le principe des causes finales, sans nuire toutefois au principe du mécanisme de sa causalité [...]

Kant, *Critique de la faculté de juger*,
trad. A. Philonenko, Vrin, pp. 195-197.

▶▶ 2. La polémique entre Kant et Herder

Outre l'actualité de ses enjeux (voir *La Défaite de la pensée*, d'Alain Finkielkraut et « Kant et Herder », d'Alexis Philonenko in *La Théorie kantienne de l'histoire*), la polémique entre Kant et Herder est éclairante pour l'*Idée d'une histoire universelle* parce qu'elle permet de mieux comprendre ce que Kant refuse. En 1774, Johann Gottfried Herder publie *Une autre philosophie de l'histoire*, où il appelle les Lumières la « froide philosophie de son siècle ». Ses *Idées pour une philosophie de l'histoire de l'humanité* (1784-1791) commencent à paraître en 1784. Il critique l'*Idée d'une histoire universelle* au livre VIII. Kant ayant fait une recension des premiers livres où il laissait apparaître un point de vue très réservé, une polémique s'ensuivit, en forme de dialogue de sourds, dont Kant se retira très tôt, mais que Herder ne cessa de relancer jusqu'à sa mort.

▼

Le genre humain n'est qu'une ombre !

L'idée kantienne selon laquelle aucun individu n'a la possibilité d'atteindre pleinement sa destination au cours de sa vie mortelle, et qu'il faut la suite indéfinie des générations pour que l'espèce humaine puisse réaliser sa finalité, est une thèse qu'Herder rejette avec véhémence et ironie : seul existe l'individu concret, sa recherche empirique du bonheur. Le sacrifice des générations est, à ses yeux, un non-sens.

Que pourrait signifier l'hypothèse destinant l'homme tel que nous le connaissons ici à une croissance indéfinie de ses facultés, à une extension continue de ses sensations et de ses actions, et même à l'État en tant que but de son espèce, dont toutes les générations n'auraient été faites au fond que pour la dernière, laquelle trônerait sur l'échafaudage en ruines de la félicité de toutes les précédentes ? L'aspect de nos frères sur la terre, et même l'expérience de toute vie humaine individuelle, réfute ces plans indûment prêtés à la Providence créatrice. En vue d'une abondance indéfiniment croissante des idées et des sensations n'ont été formés ni notre tête ni notre cœur, n'a été faite notre main ni calculée notre vie. Nos plus belles facultés ne se fanent-elles pas comme elles se sont épanouies ? Et même n'alternent-elles pas entre elles avec les années et les circonstances et ne se relaient-elles pas l'une l'autre en une amicale rivalité, ou plutôt en une ronde circulaire ? Et qui n'aurait constaté par expérience qu'une extension sans limite de ses sensations ne fait qu'affaiblir et anéantir celles-ci ? [...] Le sauvage qui aime lui-même sa femme et son enfant avec une joie tranquille et brûle pour son clan ainsi que pour sa vie d'une activité délimitée est, à ce qu'il me semble, un être plus vrai que cette ombre cultivée ravie d'amour pour l'ombre de son espèce entière, c'est-à-dire pour un nom.

Herder, *Idées pour une philosophie de l'histoire de l'humanité*, Aubier Bilingue, p. 141.

L'humanité universelle, c'est l'orgueil des Européens

Le droit tend à s'universaliser : « Notre continent, vraisemblablement, donnera un jour ses lois à tous les autres continents » (*I.H.U.*, Neuvième Proposition). Herder prend ici le contrepied de Kant, considérant comme vain l'orgueil des Européens, illusoire leur sentiment de supériorité qui ne se fonde que sur une survalorisation naïve des progrès essentiellement scientifiques et techniques de leur civilisation.

Elle eût été faible et puérile, la Mère créatrice qui aurait fondé la seule véritable destination de ses enfants – êtres heureux – sur les rouages artificiels de quelques tard venus et aurait attendu de leurs mains le but de la création terrestre.

Ô hommes de tous les continents, disparus depuis des éternités, vous auriez donc vécu et engraissé la terre de votre cendre simplement pour qu'à la fin des temps vos descendants trouvent leur bonheur dans la civilisation européenne [...] ? Elle est donc vaine, la gloriole de mainte populace européenne lorsque, sous le rapport de ce qu'on appelle progrès des Lumières, art et science, elle se place au-dessus de tous les trois continents et, tout comme le fou bien connu, considère les vaisseaux dans le port et toutes les inventions de l'Europe comme étant à elle pour l'unique motif qu'elle est née au confluent de ces inventions et traditions.

Herder, *Idées pour une philosophie de l'histoire de l'humanité*,
Aubier Bilingue, pp. 147, 151-153.

▶▶ 3. Plan caché de la nature (Kant) et ruse de la raison (Hegel)

Chez Hegel aussi les passions des individus sont un moyen de réalisation de la raison. Mais la « ruse de la raison » est l'objet d'un savoir absolu, elle relève, en langage kantien, d'un « jugement déterminant ». La finalité de la ruse est organique, interne. Chez Kant, « la finalité de la nature conserve une structure de finalité externe », que précisément Hegel cherche à surmonter, et qui explique le recours à la contrainte d'un « maître », à la contrainte du droit. Aussi, même si Kant emploie lui aussi une fois le terme *ruse (P.P.P.,* Nathan, coll. « Intégrales de Philo » p. 37), il n'est pas le précurseur de Hegel, chez lequel, selon A. Stanguennec, ce terme même ne serait pas adéquat puisqu'il « implique une intention extérieure », « contredit à la [...] finalité interne de l'Esprit ». Hegel reste opposé « sur le terrain de l'histoire à toute finalité externe d'origine théologique de type anthropomorphe », (*Hegel critique de Kant,* PUF, p. 318). Cette divergence se traduit par le statut éminent des héros selon Hegel, dont la particularité exprime l'universel, l'Esprit, comme l'organe exprime l'organisme, « avec quelque chose d'animal ». Un tel privilège des « grands hommes », est impensable chez Kant, pour qui le plan caché concerne les gens les plus ordinaires.

▼

La fin *générale* avec laquelle commence l'histoire est de donner satisfaction au *concept* de l'Esprit. Mais cette fin n'existe qu'en *soi*, c'est-à-dire comme *nature* : c'est un désir inconscient, enfoui dans les couches les plus profondes de l'intériorité, et toute l'œuvre de l'histoire universelle consiste [...] dans l'effort de le porter à la conscience. L'homme fait son apparition comme *être naturel* se manifestant comme *volonté naturelle* : c'est ce que nous avons appelé le côté subjectif, besoin, désir, passion, intérêt particulier, opinion et représentation subjectives. Cette masse immense de désirs, d'intérêts et d'activités constitue les instruments et les moyens dont se sert l'Esprit du monde pour parvenir à sa fin, l'élever à la conscience et la réaliser. [...] Car son seul but est de se trouver, de venir à soi, de se contempler dans la réalité. C'est leur *bien propre* que peuples et individus cherchent et obtiennent dans leur agissante vitalité, mais en même temps ils sont les *moyens* et les *instruments* d'une chose *plus élevée*, plus vaste, qu'ils ignorent et accomplissent inconsciemment. [...] L'universel résulte du particulier et du déterminé, et de leur négation. Le particulier a son propre intérêt dans l'histoire ; c'est un être fini et en tant que tel il doit périr. [...] Ce n'est pas l'idée qui s'expose au conflit, au combat et au danger ; elle se tient en arrière, hors de toute attaque et de tout dommage, et envoie au combat la passion pour s'y consumer. On peut appeler *ruse de la raison* le fait qu'elle laisse agir à sa place les passions. [...] *rien de grand ne s'est accompli dans le monde sans passion.* [...] Le particulier est trop petit en face de l'universel : les individus sont donc sacrifiés et abandonnés. L'idée paie le tribut de l'existence et de la caducité non par elle-même, mais au moyen des passions individuelles. César devait accomplir le nécessaire et donner le coup de grâce à la liberté moribonde. Lui-même a péri au combat, mais le nécessaire demeura.

Hegel, La Raison dans l'histoire,
trad. K. Papaioannou, coll. 10/18, pp. 95-130.

Ce sont les grands hommes historiques qui [...] réalisent ce but qui correspond au concept supérieur de l'Esprit. C'est pourquoi on doit les nommer des *héros* [...]. Ce qu'il y a de plus admirable en eux, c'est qu'ils sont devenus les organes de l'esprit substantiel.

Ibid., pp. 120-125.

▶▶ 4. La *République* de Platon, une utopie qui voyait clair

Kant loue Platon d'avoir fait de la *République* une idée ; elle n'est pas une vraie utopie mais un idéal, principe de sa réalisation, si, en tant que limite asymptotique dont on ne peut que se rapprocher indéfiniment, elle se présente comme une tâche à accomplir, un « commandement absolu de la raison pratique ».

▼

La *République* de Platon est devenue proverbiale, comme exemple prétendu frappant d'une perfection imaginaire qui ne peut avoir son siège que dans le cerveau d'un penseur oisif et Brucker trouve ridicule cette assertion du philosophe qu'un prince ne gouverne jamais bien, s'il ne participe aux idées. Mais il vaudrait bien mieux s'attacher davantage à cette idée et (là où cet homme éminent nous laisse sans secours) la mettre en lumière grâce à de nouveaux efforts, que de la rejeter comme inutile, sous le très misérable et très honteux prétexte qu'elle est irréalisable. Une constitution ayant pour but *la plus grande liberté humaine* fondée sur des lois qui permettraient *à la liberté de chacun de subsister en même temps que la liberté de tous les autres* (je ne parle pas du plus grand bonheur possible, car il en découlerait de lui-même), c'est là au moins une idée nécessaire qui doit servir de base non seulement aux grandes lignes *(im ersten Entwurfe)* d'une constitution civile, mais encore à toutes les lois, et où il faut faire abstraction, dès le début, des obstacles actuels, lesquels résultent peut-être moins inévitablement de la nature humaine que du mépris que l'on a fait des vraies idées en matière de législation. [...] L'idée [...] est tout à fait juste qui prend ce *maximum* comme archétype et se règle sur lui pour rapprocher toujours davantage la constitution légale des hommes de la plus grande perfection possible. En effet, quel peut être le plus haut degré auquel l'humanité doit s'arrêter et combien grande peut être par conséquent la distance qui subsiste nécessairement entre l'idée et sa réalisation, personne ne peut et ne doit le déterminer, précisément parce qu'il s'agit de la liberté qui peut dépasser toute limite assignée.

Mais ce n'est pas simplement dans les choses où la raison humaine montre une vraie causalité et où les idées deviennent des causes efficientes (des actions et de leurs objets), je veux dire dans le domaine moral, c'est aussi dans la nature même que Platon voit avec raison des preuves qui démontrent clairement que les choses tirent leur origine des idées.

Kant, *Critique de la raison pure*,
« Dialectique transcendantale », PUF, pp. 264-265.

▶▶ 5. La construction de l'État n'est pas un problème moral

Des démons en seraient capables, à condition qu'ils veuillent coexister et qu'ils soient intelligents.

▼

La constitution *républicaine* est la seule qui soit parfaitement adaptée au droit de l'homme, mais c'est aussi la plus difficile à établir, et même il est encore plus difficile de la maintenir ; en sorte que bien des gens pensent que ce devrait être un *État composé d'anges*, les hommes, avec leurs penchants égoïstes, étant incapables de conserver une constitution de forme aussi sublime. La nature cependant vient en aide à la volonté universelle fondée en raison, que tous révèrent, mais qui est pratiquement impuissante, précisément au moyen des penchants égoïstes ; en sorte qu'il suffit d'une bonne organisation de l'État (ce qui est assurément au pouvoir des forces humaines) pour opposer les unes aux autres ces forces de la nature de façon que l'une arrête les autres dans leur effet destructeur ou même le suprime ; il en résulte au point de vue rationnel qu'il en est comme si elles n'existaient pas et l'homme, bien qu'il ne soit pas moralement bon, est cependant contraint par là de devenir un bon citoyen. Le problème de la formation de l'État, pour tant que ce soit dur à entendre *(so hart wie es auch klingt)*, n'est pourtant pas insoluble, même s'il s'agissait d'un peuple de démons (pourvu qu'ils aient quelque intelligence) ; il se formule de la façon suivante : « Ordonner une foule d'êtres raisonnables qui réclament tous d'un commun accord des lois générales en vue de leur conservation, chacun d'eux d'ailleurs ayant une tendance secrète à s'en excepter ; et organiser leur constitution de telle sorte que ces gens qui, par leurs sentiments particuliers, s'opposent les uns aux autres, refrènent réciproquement ces sentiments, de façon à parvenir dans leur conduite publique à un résultat identique à celui qu'ils obtiendraient s'ils n'avaient pas ces mauvaises dispositions ». Un pareil problème doit *(muss)* pouvoir *se résoudre*. Car il ne requiert pas l'amélioration morale des hommes, mais il s'agit simplement de savoir comment on peut utiliser par rapport aux hommes le mécanisme de la nature pour diriger l'antagonisme des dispositions hostiles, dans un peuple, de telle sorte que les hommes s'obligent mutuellement eux-mêmes à se soumettre à des lois de contrainte, produisant ainsi nécessairement l'état de paix où les lois disposent de la force.

Kant, *Projet de paix perpétuelle*,
Vrin, pp. 44-45.

▶▶ 6. Du danger politique de penser l'homme courbé

Pourquoi, selon Philonenko, l'aporie du problème politique, à savoir l'impossibilité d'une constitution parfaitement juste, est-elle dépassée en 1795 ? En effet, dans le *Projet de paix perpétuelle.*, Kant ne retient que la solution naturaliste : la constitution civile parfaite est le résultat d'un processus purement mécanique et pourrait être instituée par un « peuple de démons ».

[Dans l'*I.H.U.*, Kant] « affirmait que la résolution du problème politique était rendue impossible par la liberté humaine elle-même, toujours prête à servir la passion plutôt que la raison. [...] Le problème politique est alors le suivant : *comment, en partant de cette courbure essentielle, obtenir quelque chose de droit* ? Comment, partant d'un maximum de réflexion, parvenir à édifier un maximum d'altruisme ou si l'on préfère un minimum d'égoïsme ? Ce problème ne connaît pas de vraie solution : on ne peut tirer le droit du courbe. [...]

Le problème posé par Kant pourrait être résolu si l'homme pouvait trouver parmi ses semblables un être parfaitement droit, susceptible de compenser par sa justice pure et équitable, par sa propre droiture toutes les courbures. Mais cet être serait-il encore un homme ? [...] On voit par là comment en 1784 Kant devait considérer que la faiblesse humaine rendait irrémédiablement aporétique la condition politique humaine. La république supposant, pour le moins, la venue d'un être parfaitement droit, ne serait effective que par et dans l'instauration du règne des fins.

En 1793, Kant vit nettement comment la pensée réactionnaire pouvait s'approprier l'idée qu'il avait développée en 1784, et en quelle façon on la retournait contre la liberté qu'on déclarait mauvaise et opposée à tout gouvernement rationnel. Il abandonna alors le point de vue éthico-politique de 1784 et sépara nettement le problème éthique et le problème politique qu'il confondait en 1784 [...]. C'est pourquoi en 1795, définissant de nouveau le problème politique dans son *Projet de paix perpétuelle*, Kant le déclarera susceptible d'une solution : « Le problème de la formation de l'État, écrira-t-il, pour autant que ce soit dur à entendre, n'est pourtant pas insoluble, même s'il s'agissait d'un peuple de démons (pourvu qu'ils aient quelque intelligence) ».

A. Philonenko, *Théorie et praxis dans la pensée morale et politique de Kant et Fichte en 1793*, Vrin, pp. 26-30.

▶▶ 7. La Charte des Nations unies (Extraits)

Le texte fondateur sur lequel repose la création et l'organisation de l'O.N.U. (Organisation des Nations unies) et qui en fixe les grands principes et les différentes missions, a été signé par les 185 pays membres de l'Organisation. On verra à quel point ces quelques extraits s'inscrivent dans le prolongement de la réflexion kantienne et font écho, non seulement au Projet de paix perpétuelle, mais aux dernières Propositions de l'Idée d'une histoire universelle. Il aura fallu l'horreur de deux guerres mondiales en l'espace d'une génération pour que, deux siècles plus tard, après l'échec d'une première tentative, celle de la Société des Nations fondée en 1920, un sursaut de la conscience internationale débouche sur la création de l'O.N.U., en vue d'assurer à tous les peuples une paix durable.

▼

Le préambule commence par cette proclamation :

« Nous les peuples des Nations Unies, sommes résolus :
– à préserver les générations futures du fléau de la guerre, qui deux fois en l'espace d'une vie humaine, a infligé à l'humanité d'indicibles souffrances ;

– à proclamer à nouveau notre foi dans les droits fondamentaux de l'homme, dans la dignité et la valeur de la personne humaine, dans l'égalité des droits des hommes et des femmes, ainsi que des nations grandes et petites ;
 – à créer les conditions nécessaires au maintien de la justice et du respect des obligations nées des traités et autres sources du droit international ;
 – à favoriser le progrès social et instaurer de meilleures conditions de vie dans une liberté plus grande […]

▼

L'article premier de la Charte définit les buts des Nations unies.

 – […] maintenir la paix et la sécurité internationales et, à cette fin, prendre des mesures efficaces en vue de prévenir et d'écarter les menaces à la paix et de réprimer tout acte d'agression.
 – « réaliser par des moyens pacifiques […] l'ajustement ou le règlement de différends ou de situations de caractère international susceptibles de mener à une rupture de paix »,
 – « développer entre les nations des relations amicales fondées sur le respect du principe de l'égalité des droits des peuples et de leur droit à disposer d'eux-mêmes »,
 – « réaliser la coopération internationale en résolvant les problèmes internationaux d'ordre économique, social, intellectuel ou humanitaire et en encourageant le respect des droits de l'homme et des libertés fondamentales pour tous, sans distinction de race, de sexe, de religion ou de langue » […]

Extraits de la Charte des Nations unies, 26 juin 1945.

Kant avait bien perçu que le succès d'une fédération des nations résiderait dans sa capacité à faire prévaloir le droit international par le recours à une « force unie » qui soit supérieure à celle des États les plus forts. La Charte de l'O.N.U. ne se contente pas d'énoncer le principe de la coexistence pacifique des États : elle prévoit l'utilisation de la force armée contre des pays qui menacent la paix internationale. L'article VII précise : « Le Conseil de sécurité peut entreprendre au moyen de forces aériennes, navales ou terrestres toute action qu'il jugera nécessaire au maintien ou au rétablissement de la paix. Cette action peut comprendre des mesures de blocus et d'autres opérations exécutées par les forces aériennes, navales ou terrestres des membres des Nations unies. »

Si l'histoire contemporaine montre que le problème de l'autorité et du pouvoir des Nations unies est loin d'être résolu, une appréciation globale de l'action de l'O.N.U. depuis sa création ne dément nullement l'optimisme kantien, à condition de ne pas oublier que, pour Kant, l'idée cosmopolitique est principe de sa réalisation : en prendre conscience sur le plan collectif, travailler à cette tâche, montrent que l'inscription de l'Idée dans l'histoire n'est pas un vain espoir.

Accueil et postérité

▼

« J'ai lu et relu avec un plaisir infini le petit traité de Kant ; il est prodigieux pour l'époque et, même si je l'avais connu six ou sept ans plus tôt, il m'aurait épargné de la peine [...]. La méthode y est encore métaphysique, mais les détails montrent à chaque instant l'esprit positif [...]. »

A. Comte, extrait d'une lettre à Eichthal du 10 décembre 1824, in Littré, *A. Comte et la philosophie positive*, pp. 155-156.

▼

« Kant confond la philosophie de l'histoire avec l'éthique qui juge le passé et détermine la fin, mais c'est là une philosophie particulière de l'histoire, caractéristique d'une époque et d'une attitude, et non pas représentative d'un genre. »

R. Aron, *Introduction à la philosophie de l'histoire*, Gallimard, 1984, p. 287.

▼

« Ce qui meurt, ce n'est pas la notion d'homme, mais une notion insulaire de l'homme, retranché de la nature et de sa propre nature [...]. »

E. Morin, *Le Paradigme perdu : la nature humaine*, Points Seuil, 1973, p. 211.

« L'espèce humaine fera-t-elle place à l'humanité, c'est-à-dire à une entité de type absolument nouveau [...] qui provincialiserait les nations et dans laquelle chaque être humain pourrait reconnaître sa vraie et profonde patrie ? »

E. Morin, *La Méthode*, t. 2 : *La Vie de la vie*, Seuil, 1980, p. 449.

▼

« Même reproduite sans déformation ni arrière-pensée, la construction de Kant ne laisse pas d'être problématique [...]. Les merveilleux résultats du mécanisme qu'il expose pour donner un fondement objectif à son idée de la paix font penser aux naïvetés d'un Bernardin de Saint-Pierre [...]. Théodore Ruyssen observe que Kant a toujours oscillé, sans arriver à se fixer dans une position bien nette, entre le mécanisme cartésien et le finalisme qui constitue, en quelque sorte, la foi laïque de sa génération […]. Finalement le "mécanisme de la nature" sur quoi il prétend fonder sa défense contre l'accusation éventuelle d'utopie, revêt chez lui la même fonction que la Sagesse divine qui, chez Lessing et Herder, était censée veiller sur le destin de l'humanité ; il a simplement transféré de Dieu sur la nature l'idée d'une finalité de l'histoire, et cette substitution est révélatrice de son hésitation à rompre avec la conception providentialiste. »

J. Lefèbvre, *Pour la paix perpétuelle*, P.U. de Lyon, pp. 38-39.

▼

« Il est clair […] que l'histoire est en son fond radicalement contingente, comme est contingent le réel qui évoque, quand bon lui semble, les principes de notre réflexion. Il ne saurait donc y avoir pour Kant ni philosophie de l'histoire au sens hégélien, ni science de l'histoire au sens marxiste […]. Kant annonce au contraire une distinction qui sera centrale dans les philosophies critiques de l'histoire, de Dilthey à Weber : celle de l'explication et de la compréhension. »

L. Ferry, article « Kant », *Dictionnaire des œuvres politiques*, dir. E. Châtelet, O. Duhamel, E. Pisier, PUF, 1986, p. 411.

▼

« Le premier, il [Kant] a posé les questions du sens de l'histoire et de la politique pour l'homme, au lieu de celles de la meilleure technique politique et des "lois historiques". La politique cesse, avec Kant, d'être une préoccupation pour les philosophes ; elle devient, ensemble avec l'histoire, problème philosophique, agissant dans, et sur, la totalité de la pensée : il ne s'agit plus seulement d'arranger histoire et politique, il s'agit de comprendre leur sens commun, le sens qui doit décider de tout arrangement. »

É. Weil, « Kant et le problème de la politique », in *La Philosophie politique de Kant*, ouvrage collectif, *Annales de philosophie politique*, 4, Institut international de philosophie politique, PUF, 1962, pp. 31-32.

▼

« Kant parvient-il à penser le phénomène humain en l'articulant autour d'une loi pure, c'est-à-dire radicalement séparée de la nature ? Et s'il n'y parvient pas, n'est-ce pas tout le régime moderne, avec sa conscience de soi, qui garde quelque chose d'essentiellement impensable, ou d'encore impensé ? »

P. Manent, *La Cité de l'homme*, Fayard, p. 275.

Réponse à la question : « Qu'est-ce que les lumières ? »

Avant de commencer la lecture

Brève histoire de l'œuvre

En 1784, Kant commence à intervenir dans les débats de son temps, sous forme d'articles parus dans le *Berlinische Monatsschrift*. Il publie, dans la même année, l'*Idée d'une histoire universelle au point de vue cosmopolitique*, et la *Réponse à la question : « Qu'est-ce que les Lumières ? »* Mendelssohn, trois mois auparavant, avait répondu à la même question mais Kant ignorait le contenu de cet article lorsqu'il rédigea le sien.

Cette parution se situe à la fin de l'apogée des Lumières allemandes : à ce moment, Kant vient de publier successivement la première édition de la *Critique de la raison pure* en 1781, les *Prolégomènes à toute métaphysique future qui voudra se présenter comme science* en 1783. En 1785, paraîtront les *Fondements de la métaphysique des mœurs* ; en 1787, la deuxième édition de la *Critique de la raison pure* ; en 1788, la *Critique de la raison pratique* et, en 1790, la *Critique de la faculté de juger*. C'est donc en pleine période critique, la plus féconde de sa réflexion, que Kant s'interroge sur le sens de l'*Aufklärung*.

Cet article qui s'adresse à un public assez vaste appartient à ce que Kant appelle lui-même la philosophie « populaire » : c'est donc, d'une certaine façon, un écrit de vulgarisation. Toutefois *Qu'est-ce que les Lumières ?* n'en est pas moins un texte d'une importance philosophique et historique considérable :

– importance philosophique, car les idées qu'il défend sont essentielles à l'attitude critique et à son éternelle légitimité ;

– importance historique, car cet écrit circonstanciel est une réflexion de Kant sur l'actualité de son entreprise en même temps que sur celle de l'*Aufklärung* comme âge de la critique et du libre exercice de la pensée. Cette importance tient également au fait que cet opuscule articule en quelque sorte, chez Kant, la réflexion critique et la pensée de l'histoire.

Problématiques essentielles

Dans cet opuscule, Kant ne cherche pas à comprendre l'origine et la destination du mouvement des Lumières, comme c'est le cas dans ses opuscules sur l'histoire. La manière dont il pose la question de l'*Aufklärung* est ici totalement nouvelle. Il s'intéresse à ce qui fait sa spécificité en tant que présent et s'interroge sur ce qu'aujourd'hui nous appellerions sa « modernité ».

▶▶ **1. Quelle est, selon Kant, la caractéristique spécifique et fondamentale de l'accès aux Lumières ?**

L'originalité de Kant par rapport à ses contemporains, c'est de ne pas définir l'*Aufklärung* par les manifestations d'un rationalisme conquérant dans ses aspects les plus variés, scientifiques, politiques, religieux, etc., mais de remonter à la source même de ce qui permet le progrès des Lumières, à savoir, chez l'individu d'abord, l'arrachement à l'immaturité intellectuelle qu'il désigne métaphoriquement par l'état de « minorité », l'affranchissement par rapport à toute forme de tutelle, instances dogmatiques, préjugés, superstitions, etc. Accéder aux Lumières, c'est devenir adulte, c'est-à-dire être capable de penser par soi-même.

▶▶ **2. Mais à quelles conditions cet affranchissement est-il possible ?**

a. Sur le plan individuel, si la cause essentielle de la minorité est un défaut de la volonté qui s'abandonne paresseusement à la direction d'une autorité étrangère, la première condition, fondamentale, de l'accès aux Lumières est d'ordre éthique. C'est celle qu'exprime la devise *Sapere aude* : « Aie le courage de penser par toi-même ». Si, pour Kant, l'homme est responsable de sa minorité, il ne pourra en sortir que par un acte lui-même responsable qui relève du courage et de la bonne volonté, par une transformation de soi dont il doit être l'auteur.

Cependant, tutelle et minorité étant étroitement dépendantes l'une de l'autre, on comprend la difficulté pour un individu de s'affranchir seul de ses tuteurs.

b. D'où la deuxième condition : le public qui s'éclaire lui-même. Ce qui reste exceptionnel de la part d'un individu devient plus probable de la part du public. Kant entend par *public* toute communauté où peut s'instaurer une libre discussion et où les hommes éclairés peuvent éduquer leurs concitoyens et leur apprendre à penser par eux-mêmes.

c. Une troisième condition est requise, condition politique de l'accès aux Lumières : la liberté d'expression. Mais cette liberté d'expression, s'exerçant sans limites dans tous les domaines de la vie publique, ne risque-t-elle pas de mettre en péril la paix civile ?

▶▶ 3. Ne faut-il pas imposer des restrictions à la liberté d'expression ?

En effet, comment concilier dans une société civile l'obéissance aux lois, la cohésion de l'organisation sociale, avec l'exigence éthique de la pensée conférant un droit illimité à tout être raisonnable de traduire devant le tribunal de la raison toute espèce de discours, d'écrit ou de pratique ? Kant résout cette difficulté par la distinction entre l'usage privé* et l'usage public* de la raison (voir **Dossier**, Concepts clés p. 104 et Thèses p. 109).

▶▶ 4. Kant s'interroge ensuite sur le droit d'engager un avenir indéterminé par des contrats ou des lois décrétés immuables

Elles auraient pour finalité de soustraire définitivement des domaines de la vie publique ou religieuse au libre examen de la raison, empêchant ainsi tout progrès des Lumières pour les générations futures ? De telles lois sont, pour Kant, nulles et non avenues.

▶▶ 5. « Vivons-nous actuellement dans un siècle éclairé ? »

Dans la mesure où il s'en faut de beaucoup pour que la majorité des hommes puissent se servir de leur entendement sans être dirigés par autrui, la réponse, dit Kant, est « non ». Nous vivons une époque « en marche vers les Lumières ». Ce qui pose à la fois le problème de la diffusion des Lumières, c'est-à-dire de l'éducation, et celui du régime politique le plus apte à concilier l'obéissance aux lois et la liberté d'expression. Dans le contexte historique où Kant se situe, il considère que seul le despotisme éclairé est assez assuré du respect de son autorité pour pouvoir favoriser la liberté de penser et de s'exprimer librement en public.

Résumé - Guide de lecture

*Réponse à la question :
« Qu'est-ce que les Lumières ? »*

▶▶ **1. De « Qu'est-ce que les Lumières ?... »
jusqu'à «...un parcours assuré »**

a. Kant commence par une définition sans équivoque : l'*Aufklärung**
est « la sortie de l'homme de sa minorité » ; celle-ci est entendue :

– comme l'incapacité de penser par soi-même et de se « servir de son entendement sans la direction d'autrui » ;

– incapacité entendue non comme une limitation de l'entendement mais comme un manque de courage, paresse ou lâcheté, attitude dont l'homme est lui-même responsable.

b. Si la cause essentielle de la « minorité » est un défaut de la volonté qui suit la pente de la facilité – le confort de s'abandonner à la direction d'une autorité étrangère –, cette causalité se complique d'une action réciproque entre tutelle et minorité qui se renforcent mutuellement, la tutelle étant à la fois cause et effet de la minorité. Ainsi comprend-on la difficulté pour un individu livré à lui-même de secouer le joug de ses tuteurs et d'opérer seul un travail de transformation sur son propre esprit.

▶▶ **2. De « Mais qu'un public s'éclaire lui même... »
jusqu'à «...à perpétrer les inepties »**

L'énoncé du mal contient le remède : « *Sapere aude* : Ose penser par toi-même ». Kant ayant énoncé la condition formelle à laquelle les Lumières pourront se réaliser, procède maintenant à l'examen des conditions concrètes de cette réalisation.

a. La libération visée ne sera pas, sauf exception, le fait de l'individu mais celui d'un public. Il se trouvera toujours quelques personnes éclairées, y compris parmi les tuteurs, pour propager l'esprit des Lumières, c'est-à-dire le courage de penser par soi-même. Le public finira bien alors par s'émanciper du joug de ses tuteurs. Mais c'est un lent processus, car une révolution politique peut libérer d'un tyran sans entraîner pour autant une libération des esprits et la réforme du mode de penser : les mêmes préjugés continueront à aliéner « un peuple qui ne pense pas ».

b. La condition *sine qua non* de l'avènement des Lumières est bien la liberté d'expression, correctement entendue selon Kant, c'est-à-dire qui ne met pas en cause l'obéissance civile. Cette liberté d'expression implique donc des restrictions que Kant met en lumière en distinguant l'usage public et l'usage privé de la raison :

– l'usage privé est défini par les limitations à la liberté d'expression que les contraintes de sa charge à l'intérieur de la communauté ou institution à laquelle il appartient imposent à un individu (le devoir de réserve) ;

– l'usage public, se recommandant de l'universalité de la raison présente en chaque homme, est l'usage qu'un homme, en tant que savant – c'est-à-dire porteur d'une raison développée, affranchie des préjugés –, peut faire devant un public éclairé ou qu'il veut éclairer. Par ses discours et ses écrits, il s'adresse au « monde » et, en tant que citoyen du monde, il dispose alors « d'une liberté illimitée de se servir de sa propre raison ».

Cette distinction trouve son application directe non seulement dans les institutions telles que l'armée, par exemple, où s'impose l'obéissance au supérieur. Ainsi le citoyen doit-il d'abord se soumettre en tant que citoyen au pouvoir politique, le croyant ou le prêtre à l'autorité religieuse, le soldat ou l'officier à la discipline militaire et chacun ne peut raisonner qu'ensuite. Mais de manière plus générale, dans l'exercice d'une charge civile, chaque individu, s'il doit d'abord obéir en tant que « pièce de la machine », n'en a pas moins le droit et le devoir d'exercer son jugement critique, de raisonner ensuite en sa qualité d'homme éclairé « devant un public de savants » ou de personnes susceptibles d'être éclairées. Il fait alors un libre usage public de sa raison en tant que membre d'une société civile universelle.

Le procès de libération de la raison suppose donc l'ouverture d'un espace commun de discussion qui seul permettra la réduction progressive des différentes formes d'hétéronomie de la pensée, sans laquelle on ne saurait parler de progrès des Lumières.

▶▶ 3. De « Mais une assemblée d'ecclésiastiques... » jusqu'à « ...au détriment du reste de ses sujets »

Si Kant met l'accent sur l'émancipation en matière de religion, son propos a une portée politique plus générale. Aucune assemblée d'ecclésiastiques et pas davantage l'assemblée d'un peuple, encore moins un monarque, ne peuvent engager l'avenir de l'humanité par des décrets immuables, qui empêcheraient l'émancipation des individus et entraveraient le progrès des Lumières : celui-ci implique en effet la possibilité d'exercer en permanence l'esprit critique, la rectification des erreurs en fonction des connaissances. Si une telle loi était promulguée, à savoir une loi imposant une soumission inconditionnelle, ce ne pourrait être que dans l'attente d'une meilleure loi et pour introduire un certain ordre pendant une durée déterminée. Et l'on ne saurait empêcher que pendant cette période les savants n'exercent publiquement leur esprit critique sur de telles dispositions, pour faire progresser l'institution.

Kant rappelle à cette occasion la pierre de touche de toute législation : est nulle et non avenue une loi à laquelle, à un moment donné, un peuple ne pourrait donner son assentiment.

▶▶ 4. De « Si l'on pose à présent la question... » jusqu'à la fin

Kant peut conclure en disant que l'époque est sinon éclairée, du moins en marche vers les Lumières, et placer ce mouvement sous le signe de Frédéric, le prince éclairé. Celui-ci, en accordant la liberté d'expression, donc le libre usage public de la raison, favorise d'abord la diffusion des Lumières de l'élite éclairée à la multitude non éclairée et permet le progrès. Un prince éclairé peut même accepter une « franche critique », non seulement dans le domaine des choses de la religion mais dans celui de la législation. Dans cette période de marche vers les Lumières, le despotisme éclairé apparaît donc à Kant comme la meilleure forme de gouvernement car, paradoxalement, seul un pouvoir fort peut accepter sans dommage de laisser libre cours à la critique et même y trouver son profit.

Le souper des philosophes.

« … Penserions-nous beaucoup, et penserions-nous bien, si nous ne pensions pas pour ainsi dire en commun avec d'autres, qui nous font part de leurs pensées, et auxquels nous communiquons les nôtres ? » (Kant, *Qu'est-ce que s'orienter dans la pensée ?*, Vrin, p. 86).

Réponse à la question : « Qu'est-ce que les Lumières ? »

KANT

Traduction du texte allemand
par Jacqueline Laffitte

KANT

Qu'est-ce que les Lumières ? – *La sortie de l'homme de sa minorité, dont il porte lui-même la responsabilité.* La *minorité* est l'incapacité de se servir de son entendement sans la direction d'autrui, minorité *dont il est lui-même responsable* s'il est vrai que la cause en réside non dans une insuffisance de l'entendement mais dans un manque de courage et de résolution pour en user sans la direction d'autrui. *Sapere aude*[1], « Aie le courage de te servir de ton propre entendement », telle est la devise des Lumières.

Paresse et lâcheté sont les causes qui font que beaucoup d'hommes aiment à demeurer mineurs leur vie durant, alors que la nature les a affranchis depuis longtemps d'une direction étrangère (*naturaliter maiorennes*[2]) et c'est ce qui explique pourquoi il est si facile à d'autres de se poser comme leurs tuteurs. Il est si confortable d'être mineur ! Si j'ai un livre qui a de l'entendement à ma place, un directeur de conscience qui me tient lieu de conscience morale, un médecin qui décide pour moi de mon régime, etc., quel besoin ai-je alors de me mettre en peine ? Je n'ai pas besoin de penser pourvu que je puisse payer ; d'autres se chargeront bien de cette pénible besogne. Que la grande majorité des hommes (y compris le beau sexe tout entier) tienne pour très dangereux le pas qui mène vers la majorité – ce qui lui est d'ailleurs si pénible –, c'est ce à quoi veillent les tuteurs qui, dans leur grande bienveillance, se sont attribué un droit de regard sur ces hommes. Ils commencent par rendre stupide leur bétail et par veiller soigneusement à ce que ces paisibles créatures n'osent faire le moindre pas hors du parc où elles sont enfermées. Ils leur font voir ensuite le danger dont elles sont menacées si elles tentent de marcher seules. Ce danger n'est pourtant pas si grand : après quelques chutes, elles finiraient bien par apprendre à marcher. Mais un tel exemple rend cependant timide et dissuade ordinairement de toute autre tentative ultérieure. Il est donc difficile à chaque homme pris individuellement[3] de parvenir à sortir d'une minorité qui est presque devenue pour lui une nature. Et même il y a pris goût et il est pour le moment incapable de se servir de son propre entendement puisqu'on ne lui en a jamais laissé faire la tentative. Préceptes et formules, ces instruments mécaniques d'un usage de la raison, ou plutôt du mauvais usage des dons naturels, sont les fers qui enchaînent une minorité qui se prolonge. Mais celui qui secouerait ces

---

1. Cette devise est empruntée à Horace (Épitres, II livre I, *Ad Lollium*, vers 40). Il est évident que la traduction que propose Kant, s'éloigne du sens qu'elle a chez Horace : « Ayez le courage d'être vertueux... ». On constate donc un glissement du latin *sapere* (*sapientia* > goût, esprit de finesse, tact moral et surtout sagesse, « sapience » en français, vers la signification de *scire* (qui a une connotation purement intellectuelle : « savoir, connaissance, science »). Mais ce glissement de sens, qui apparaît dès la Renaissance où la devise était déjà détournée de sa signification d'origine, s'accentuera, avec l'*Aufklärung* en particulier. Kant s'inscrit dans cette tradition. Quant à l'impératif *Aude*, il fait bien allusion au courage indispensable à cette émancipation de l'entendement pour surmonter les obstacles que sont « la lâcheté et la paresse ». La paresse, pour Kant, est un défaut de la volonté qui suit la pente de la facilité et refuse d'aller dans le sens du devoir-être.

2. *Naturaliter maiorennes* : majeurs du point de vue de la nature, qui les a rendus adultes.

3. Kant distingue ici l'émancipation individuelle et l'émancipation publique. Voir **Dossier**, Thèses pp. 108-109.

chaînes ne saurait faire qu'un saut maladroit par-dessus le fossé le plus étroit, parce qu'il n'est pas encore habitué à pareille liberté de mouvement. Aussi peu nombreux sont ceux qui ont réussi à se dégager de la minorité par un travail de transformation opéré sur leur propre esprit, et à faire tout de même un parcours assuré.

Mais qu'un public[1] s'éclaire lui-même, c'est plus probable. C'est même, pour peu qu'on lui en laisse la liberté, à peu près inévitable. Car il se trouvera toujours, y compris parmi les tuteurs attitrés du peuple, quelques individus pensant par eux-mêmes[2] et qui, après avoir secoué le joug de la minorité, propageront autour d'eux l'esprit d'une appréciation raisonnable de la valeur et de la vocation propres de chaque homme à penser par soi-même. Mais ce qu'il faut bien voir en même temps, c'est que le public qui aura été mis sous ce joug auparavant par les tuteurs, les forcera à leur tour à se soumettre, pour peu qu'il y soit incité par la découverte que certains sont eux-mêmes incapables de toute lumière ; tant il est préjudiciable d'inculquer des préjugés, parce qu'ils finissent par se venger de ceux-là mêmes qui en furent les auteurs ou de leurs prédécesseurs. Telle est la raison qui fait qu'un public[3] ne peut accéder que lentement aux Lumières. Il est possible qu'une révolution entraîne la chute du despotisme personnel, qu'elle mette fin à une oppression inspirée par la cupidité ou l'ambition, mais jamais elle n'amènera une vraie réforme du mode de penser, et de nouveaux préjugés surgiront qui serviront aussi bien que les anciens à tenir en lisières[4] un peuple qui ne pense pas.

Or, pour parvenir à ces Lumières, rien d'autre n'est requis que la *liberté* et à vrai dire la liberté la plus inoffensive de tout ce qui peut porter ce nom, à savoir celle de faire un *usage public* de sa raison[5] sous tous les rapports. J'entends de toutes parts lancer cet avertissement : *Ne raisonnez pas !* L'officier dit : « Ne raisonnez pas, exécutez ! » Le conseiller au département du fisc dit : « Ne raisonnez pas, payez ! » Le prêtre dit : « Ne raisonnez pas, ayez la foi ! » (Il n'y a qu'un seul maître au monde[6] qui dise : « *Raisonnez* autant que vous voudrez et sur tout ce que vous voudrez *mais obéissez* ! ») Partout en ce monde, il y a limitation de la liberté. Mais quelle limitation est une entrave aux Lumières, quelle autre ne l'est pas et au contraire les fait progresser ? Je réponds : l'usage public de notre raison doit toujours être libre et lui seul peut

1. Voir **Dossier**, Concepts clés p. 102.
2. On constate ici une certaine ambiguïté qui tient à la double perspective qu'adopte Kant, comme dans l'*Idée d'une histoire universelle* : tantôt la sortie de la minorité qui définit l'*Aufklärung* est présentée comme un acte de volonté et de courage à effectuer par chaque individu personnellement ; tantôt il s'agit d'un processus collectif, d'un mouvement historique d'ensemble qui arrache les hommes à leur hétéronomie. Kant dépasse la contradiction apparente et montre l'unité des deux perspectives où l'éducation joue un rôle fondamental.
3. Kant souligne ici l'aspect négatif de la force des préjugés qui entrave l'accès aux lumières d'une collectivité : un changement de tuteur voire la chute d'« un despotisme personnel » n'arrachent pas un « public » à son hétéronomie et ne font que substituer de nouveaux préjugés aux anciens. Car la vraie réforme du mode de penser passe par l'apprentissage de l'autonomie du jugement individuel.
4. *Lisières* : cordons attachés à la robe d'un enfant pour le soutenir quand il marche.
5. Voir **Dossier**, Thèses pp. 109-110.
6. Allusion ici au despote éclairé qu'est, aux yeux de Kant, Frédéric II.

finir par amener les Lumières parmi les hommes. Mais l'usage privé qu'on fait de la raison[1] peut souvent être très étroitement limité, sans pour autant empêcher notablement le progrès des Lumières. Par usage public de sa propre raison, j'entends l'usage qu'en fait quelqu'un à titre de *savant*[2], devant l'ensemble du public *qui lit*. Par usage privé, j'entends l'usage qu'il lui est permis de faire de sa raison dans l'exercice d'une *charge civile* ou d'une fonction déterminée qui lui sont confiées. Cela dit, pour maintes affaires qui concourent à l'intérêt de la communauté, un certain mécanisme est nécessaire[3] au moyen duquel quelques membres de cette communauté doivent se comporter de façon purement passive afin d'être dirigés par le gouvernement, grâce à une unanimité artificielle, vers des fins publiques, ou du moins d'être empêchés de s'y opposer. Dans ce cas assurément, raisonner n'est pas permis ; il faut au contraire qu'on obéisse. Mais dans la mesure où cet individu, qui n'est qu'une pièce de la machine, se considère en même temps comme membre de toute une communauté, voire de la société civile universelle, il s'ensuit qu'en sa qualité de savant qui s'adresse par ses écrits à un public au sens propre du terme, il peut incontestablement raisonner sans qu'en souffrent les activités auxquelles il est proposé partiellement en tant que membre passif. Ainsi il serait désastreux qu'un officier à qui son supérieur vient de donner un ordre, veuille, dans l'exercice de ses fonctions, discuter bien haut de la rationalité des moyens envisagés ou de l'utilité de cet ordre : il faut qu'il obéisse. Mais on ne saurait équitablement lui interdire de faire des remarques en tant que savant sur les fautes commises en service de guerre et de les soumettre au jugement public. Le citoyen ne saurait refuser de payer les impôts dont il est redevable, et une critique mal avisée de ces charges alors qu'il doit s'en acquitter peut même être sanctionnée en tant que scandale (qui pourrait occasionner des actes d'insoumission[4] généralisés). Néanmoins, ce même homme n'agit pas à l'encontre de son devoir de citoyen s'il exprime publiquement, en tant que savant, sa façon de penser contre l'absurdité, voire l'injustice de telles impositions. De même, un prêtre est tenu de livrer son enseignement à ses catéchumènes et à ses paroissiens selon le symbole de l'Église qu'il sert, puisque c'est à cette condition qu'on lui en a confié la charge[5]. Mais, en tant qu'homme instruit, il a entière liberté et

---

1. Voir **Dossier**, Concepts clés pp. 104-105. Paradoxalement, « usage privé de la raison » désigne l'usage qu'un individu fait de sa raison dans l'« exercice d'une charge civile », ce qui recouvre plutôt le sens moderne de la fonction publique, par opposition à la sphère privée.

2. Voir **Dossier**, Concepts clés p. 103.

3. « Il faut qu'il y ait dans toute communauté une obéissance au mécanisme de la constitution politique d'après des lois de contrainte, mais en même temps un esprit de liberté, étant donné que chacun exige, en ce qui touche au devoir universel des hommes, d'être convaincu par la raison que cette contrainte est conforme au droit [...] » (*Sur le lieu commun*, II, Corollaire, in Kant, *Œuvres philosophiques*, Gallimard, La Pléiade, t. III, p. 298).

4. Tout acte de résistance est condamné par Kant. Même si la loi est injuste, il faut lui obéir mais ne pas se priver de la critiquer publiquement.

5. Voir **Dossier**, Thèses pp. 109-110.

même plus, il a la mission de s'ouvrir au public de toutes ses pensées soigneusement examinées et bien intentionnées, sur les imperfections que comportent ces symboles, et de lui communiquer des propositions en vue d'une meilleure organisation des affaires religieuses et ecclésiastiques. À cet égard, il n'y a rien non plus qui puisse être imputé à sa conscience, car ce qu'il enseigne par suite de ses fonctions à titre de mandataire de l'Église, il le présente comme quelque chose qu'il n'a pas le pouvoir d'enseigner librement à son idée[1], mais qu'il est chargé d'enseigner selon les instructions et au nom d'un autre. Il dira : « Notre Église enseigne ceci ou cela. » « Voici les arguments dont elle se sert. » Il tirera alors pour sa paroisse toute l'utilité pratique des préceptes auxquels lui-même ne souscrirait point avec une totale conviction mais qu'il peut néanmoins se permettre d'exposer, parce qu'il n'est quand même pas totalement impossible qu'il ne s'y trouve une vérité cachée, mais qu'en tout cas, on n'y rencontre rien qui soit en contradiction avec la religion intérieure. Car si tel était le cas, il ne pourrait en toute conscience exercer son ministère et il devrait s'en démettre. Donc l'usage qu'il fait de sa raison devant la communauté de ses fidèles en tant que leur pasteur est simplement un *usage privé*, parce que cette communauté, si vaste qu'elle soit, n'est jamais qu'une union familiale. Et par rapport à elle, il n'est pas libre, en tant que prêtre, et il ne lui est pas non plus permis de l'être puisqu'il exerce une charge qui lui a été déléguée par un autre. En revanche, en tant que savant qui par ses écrits s'adresse au public proprement dit, c'est-à-dire au monde, donc en tant qu'homme d'Église dans l'usage public de sa raison, il dispose d'une liberté illimitée[2] de se servir de sa propre raison et de parler en son propre nom, car prétendre que les tuteurs du peuple, dans le domaine de la spiritualité, doivent être eux-mêmes mineurs, est une ineptie qui aboutirait à perpétuer les inepties.

Mais une assemblée d'ecclésiastiques, par exemple un concile ou une classe de Révérends (comme elle s'intitule elle-même chez les Hollandais), ne devrait-elle pas être habilitée à s'engager par serments réciproques sur un certain symbole immuable[3], pour exercer ainsi sans relâche une tutelle supérieure sur chacun des membres et par leur intermédiaire sur le peuple, afin de la rendre pour ainsi dire éternelle ? Je dis que c'est tout à

1. Telle est la réponse à la problématique posée précédemment : « Quelle limitation est une entrave aux Lumières ? Quelle autre ne l'est pas ? » L'usage public doit toujours être libre. Seul l'usage privé (c'est-à-dire dans l'exercice de sa fonction) peut être limité sans pour autant entraver le progrès des Lumières.

2. Le libre usage public de la raison a pour Kant un caractère inviolable et ne doit connaître aucune limite.

3. Kant entend par là une interprétation dogmatique des Écritures, qui n'admet aucune discussion. À cela s'oppose le droit des ecclésiastiques, en leur qualité de savants, de soumettre librement et publiquement des « jugements qui sur tel ou tel point s'écartent du symbole reçu ».

1. Engager par des serments les siècles à venir, comme l'a fait tout dogmatisme religieux, c'est un crime contre la nature humaine dont la vocation est précisément de développer toutes ses dispositions originaires (voir *I.H.U.*, Propositions I et II), parmi lesquelles la plus fondamentale est le libre exercice de la raison. La « nature humaine » possède les droits que lui confère sa liberté, seul critère de légitimité, qu'aucune autre autorité ne peut revendiquer. Ainsi Kant, fidèle à l'esprit des Lumières, refuse l'autorité de l'Église : la raison ne doit à celle-ci aucune soumission.

2. Un peuple ne peut s'imposer une loi qui s'inscrit contre le contrat social originaire et les droits inviolables de la nature humaine. On peut accepter provisoirement une loi imparfaite (qui est préférable à un désordre) mais à condition que le souverain, quel qu'il soit, accepte qu'elle reste soumise au libre examen et à la critique des esprits éclairés.

fait impossible. Pareil contrat qui serait conclu afin d'empêcher pour toujours tout nouveau progrès du genre humain vers les Lumières est purement et simplement nul et non avenu, quand bien même il serait entériné par le pouvoir suprême, le parlement et par les traités de paix les plus solennels. Un siècle ne peut pas se liguer et jurer de mettre le suivant dans une situation telle qu'il lui soit impossible d'étendre ses connaissances (alors qu'il s'agit de connaissances d'un intérêt si élevé), de rectifier ses erreurs et d'une manière générale de progresser vers les Lumières. Ce serait un crime contre la nature humaine[1], dont la destination originaire consiste précisément dans ce progrès, et les descendants sont donc parfaitement fondés à rejeter ces décisions comme ayant été prises de manière incompétente et à la légère. La pierre de touche de tout ce qui peut être décidé en matière de loi pour un peuple réside dans la question suivante : un peuple pourrait-il s'imposer à lui-même une telle loi[2] ? Certes, il ne serait pas impossible de recourir à une telle loi, dans l'attente d'une meilleure et pour introduire un certain ordre, pendant une durée déterminée et brève. En ce cas on laisserait en même temps à chaque citoyen, et en particulier au prêtre, la liberté de faire en sa qualité de savant, publiquement, c'est-à-dire par ses écrits, des observations sur les défauts de l'institution existante ; ainsi l'ordre établi se maintiendrait tel quel jusqu'à ce que la nature de ces choses ait publiquement et suffisamment progressé pour que, grâce à l'union des voix (même si ce n'est pas toutes), puisse être soumis au trône un projet de loi destiné à protéger les communautés de fidèles qui se seraient accordées sur une transformation de l'institution religieuse, en fonction de la meilleure compréhension qu'elles pensent en avoir, sans pour autant contraindre celles qui voudraient maintenir le *statu quo*. Mais se mettre d'accord sur une organisation de la religion durable et que personne ne puisse publiquement mettre en doute, ne serait-ce que l'espace d'une vie humaine, ce qui reviendrait à empêcher pendant toute une période tout progrès de l'humanité, la rendant stérile pour le plus grand préjudice de la postérité, voilà ce qui est purement et simplement interdit. Au demeurant, un homme peut, pour un certain temps et en ce qui le concerne, différer l'acquisition des Lumières quant à ce qu'il lui incombe de savoir. Mais renoncer aux Lumières, que ce soit pour lui mais plus encore pour sa descendance, c'est bafouer les droits sacrés de l'humanité et les fouler aux pieds. Or, ce qu'un peuple n'est pas autorisé à décider pour lui-même, un monarque est encore moins autorisé à le décider pour un peuple, car son crédit de législateur repose précisément sur le fait qu'il rassemble toutes les volontés du peuple dans la sienne. Pourvu seulement qu'il veille à ce que toute réforme réelle ou supposée soit compatible avec l'ordre civil, il peut, pour le reste, laisser ses sujets faire eux-mêmes ce qu'ils estiment nécessaire d'accomplir pour le salut de leur âme. Cela n'est nullement son affaire qui est bien plutôt de prévenir qu'aucun d'entre eux ne fasse violence à un autre en l'empêchant de travailler, autant qu'il est en son pouvoir, à définir et faire advenir son salut. Il fait tort à sa majesté s'il s'en mêle, en faisant l'honneur d'un contrôle gouvernemental aux écrits dans lesquels ses sujets cherchent à tirer leurs vues au clair, soit qu'il le fasse du haut de sa propre intelligence des choses – ce en quoi il s'expose au reproche « *César n'est pas au-dessus des grammairiens*[1] » ou, pire encore, qu'il rabaisse son pouvoir suprême jusqu'à soutenir dans son État le despotisme spirituel de quelques tyrans au détriment du reste de ses sujets.

Si on pose à présent la question : « Vivons-nous actuellement dans un siècle *éclairé* ? », la réponse est non mais dans un siècle *en marche vers les Lumières*[2]. Il s'en faut beaucoup qu'en l'état actuel des choses les hommes pris dans leur ensemble soient déjà capables de se servir de leur propre entendement, de manière sûre et profitable, sans être dirigés par un autre, dans les choses de la religion. Mais qu'ils aient désormais le champ libre pour s'y exercer librement et que les obstacles s'opposant au mouvement général des Lumières et à la sortie d'une minorité dont ils sont eux-mêmes responsables diminuent graduellement, c'est ce dont nous avons quand même des indices précis. À cet égard, notre siècle est le siècle des Lumières ou le siècle de Frédéric.

Un prince qui ne trouve pas indigne de lui de dire qu'il tient pour un devoir de ne rien prescrire aux hommes dans les choses de la religion mais de leur laisser en cela toute liberté, qui par conséquent refuse pour son compte l'attribut hautain de tolérance, est lui-même éclairé et mérite d'être honoré par ses contemporains et la postérité reconnaissants, comme celui qui, le premier, a

1. D'une manière générale, cet aphorisme signifie que le dirigeant politique, même s'il a une opinion personnelle sur une question, ne saurait se prévaloir de son autorité pour imposer son diktat dans des domaines qui relèvent d'une compétence spécifique. Dans ce contexte kantien, il s'agit des compétences du savant, c'est-à-dire de gens instruits, qui doivent disposer sur un sujet particulier (en l'occurrence la religion) du libre exercice de leur jugement, sans la moindre entrave et sans contrôle, pour « tirer leurs vues au clair » dans leurs écrits.

2. La distinction entre *époque éclairée* et *époque en marche vers les Lumières* est importante : elle renvoie à celle entre l'élite éclairée des savants et la multitude non éclairée. En ce qui concerne la religion mais aussi en d'autres domaines, « il s'en faut de beaucoup » que la majorité puisse se servir de son intelligence « sans être dirigée par autrui ». La religion et l'autorité du dogme sont provisoirement utiles pour guider la foule. Quant au rôle des hommes instruits, il est prépondérant : ce sont eux qui relient la foule et l'État en éclairant les sujets sur les raisons de leur assujettissement et les gouvernants sur la manière de contribuer au progrès.

1. Kant privilégie l'exemple des questions religieuses 1. parce que c'est là que l'obscurantisme est le plus manifeste, 2. pour prendre position dans le débat avec Mendelssohn (*Jérusalem*). Celui-ci avait affirmé une liberté de conscience illimitée en matière de religion, ce qui n'excluait pas les conflits de conscience. Kant évite ce risque en distinguant usage privé et usage public de la raison.

2. Kant va ici beaucoup plus loin dans la définition du champ où doit s'exercer le libre examen public puisqu'il y intègre le droit des sujets « d'exposer publiquement au monde leurs idées au sujet d'une meilleure conception de (la) législation, même au prix d'une franche critique ». Autrement dit, aucun domaine ne peut être soustrait au libre débat public de discussion.

3. Kant oppose, sous le rapport des Lumières et de la liberté d'expression, l'État du monarque éclairé (qu'il a sous les yeux) et « l'État libre » (du terme *Freistaat* que l'on traduit habituellement par « république » mais qui n'a pas ce sens dans le présent contexte), au bénéfice du premier. Un exemple de cet État libre serait la démocratie non représentative, ou démocratie directe, dans laquelle le gouvernement et la souveraineté du peuple se trouvent réunis.

arraché le genre humain à la minorité, du moins en ce qui concerne ce que peut faire le gouvernement en la matière ; il est le premier également à avoir laissé chacun libre de recourir, en tout ce qui est affaire de conscience, à sa propre raison. Sous son règne, de respectables ecclésiastiques peuvent, sans préjudice des devoirs de leur ministère, soumettre librement et publiquement à l'examen du monde, en leur qualité de savant, des jugements et des réflexions qui, sur tel ou tel point, s'écartent du symbole reçu. À plus forte raison en a le droit quiconque n'est pas limité par des obligations liées à sa fonction. Cet esprit de liberté s'étend aussi au-dehors même, là où il lui faut lutter contre les obstacles extérieurs que lui oppose un gouvernement qui se méprend sur son rôle. Un tel exemple montre cependant clairement à ce gouvernement qu'avec la liberté il n'y a rien à craindre pour la paix publique ni pour l'unité de la communauté. Les hommes travaillent d'eux-mêmes à sortir peu à peu de leur grossièreté pourvu qu'on n'aille pas à dessein s'ingénier à les y maintenir.

J'ai fait porter avant tout sur les choses de la religion[1] l'aspect essentiel de cette ascension vers les Lumières, qu'est la sortie de l'homme hors de la minorité dont il est lui-même responsable, parce que, s'agissant des sciences et des arts, les maîtres qui nous gouvernent n'ont aucun intérêt à jouer le rôle de tuteurs sur leurs sujets ; d'autant que cette forme de minorité dont j'ai parlé est non seulement la plus préjudiciable mais la plus déshonorante de toutes. Mais les vues d'un dirigeant politique qui favorise les Lumières vont plus loin encore, et il estime que, même du point de vue de sa *législation*, il est sans danger de permettre à ses sujets de faire un usage *public* de leur propre raison, et d'exposer publiquement au monde leurs idées au sujet d'une meilleure conception de cette législation, même au prix d'une franche critique[2] de celle qui est déjà en vigueur : le monarque que nous vénérons et qui sur ce point n'a pas de devancier, nous en fournit un exemple éclatant. Aussi seul celui qui, éclairé lui-même, ne s'effraie pas de l'ombre, mais dispose en même temps d'une armée nombreuse et bien disciplinée pour maintenir la paix publique, a le pouvoir de dire ce qu'un État libre[3] ne saurait oser : « *Raisonnez autant que vous voulez et sur tout ce que vous voulez, mais obéissez !* » On découvre ici un cours étrange et inattendu des choses humaines ; et ici comme ailleurs, quand on le considère globalement, presque tout est paradoxal. Un degré supérieur de liberté civile[1] paraît profitable à la liberté de l'*esprit* du peuple et lui assigne cependant des bornes infranchissables. Un moindre degré de liberté civile[2] permet en revanche à cet espace de liberté de s'étendre de tout son pouvoir. Quand la nature a développé sous cette rude écorce le germe sur lequel elle veille avec tendresse, à savoir le penchant et la vocation à la libre pensée, cette inclination agit en retour progressivement sur le mode de penser du peuple (ce qui le rend peu à peu capable d'une *plus grande liberté d'agir*), et finalement même sur les *principes du gouvernement*, lequel trouve alors profitable pour lui-même de traiter l'être humain, qui est désormais *plus qu'une machine*, conformément à sa dignité*.

Königsberg, le 30 septembre 1784.

1. Un « degré supérieur de liberté civile » est pris ici péjorativement, comme un État où la loi pourrait ne pas être respectée. Il y aurait apparemment une « plus grande liberté d'esprit », mais celle-ci aurait des « bornes infranchissables » car cet État apparemment plus libre risquerait de ne pas être obéi. Paradoxalement, il est le moins armé pour admettre la critique et va lui imposer une plus grande limitation.

2. Un monarque éclairé fort et possédant une bonne armée peut accorder tout son droit à la critique (« Critiquez autant que vous voulez ») ; il sait qu'il sera obéi. C'est la situation la plus favorable à la liberté de l'esprit.

---

* Dans le *Büschingschen wöchentlichen Nachrichten* du 13 septembre, je lis, aujourd'hui 30, l'annonce de la *Berlinische Monatsschrift* de ce mois où est imprimée la réponse de M. Mendelssohn à cette même question. Je ne l'ai pas encore eue entre les mains ; sinon je n'aurais pas envoyé la présente réponse, que je publie maintenant dans le seul dessein de vérifier dans quelle mesure le hasard peut réaliser l'accord des pensées.

Portrait d'Emmanuel Kant (1724-1804), *philosophe allemand, gravure de Benizy.*
La vie de Kant fut tout entière consacrée à la recherche et à l'enseignement. Au cours de sa très longue carrière de professeur, il a toujours mis en pratique sa maxime : « On n'apprend la philosophie qu'en apprenant à philosopher ». Il cherchait moins à inculquer un savoir et à faire de ses étudiants des érudits, qu'à exciter leur esprit pour les amener à penser par eux-mêmes.

Dossier

Concepts clés

Lumières

Traduction du mot *Aufklärung*, au singulier en allemand, qui signifie littéralement «éclairement». Le terme qui résume le mouvement des Lumières a un sens plus actif et plus dynamique en allemand que son équivalent français *Lumières*. Car il désigne moins un état ou un résultat qu'un processus, un mouvement vers, que le terme français d'*éclairement* est impropre à traduire adéquatement.

1. Un processus d'affranchissement de la raison

Au sens strict, chez Kant, l'*Aufklärung* désigne la conquête par la raison de son autonomie. L'homme dispose en effet d'une faculté qui lui permet de découvrir par lui-même des vérités. L'*Aufklärung* est avant tout l'éducation de la raison qui consiste essentiellement dans une désaliénation : éduquer la raison, c'est l'arracher à l'enfance, à l'obscurantisme (antonyme exact des Lumières), c'est-à-dire l'affranchir de toute tutelle afin de lui permettre de s'exercer librement, de déployer sa perfectibilité. C'est pourquoi, dans l'opuscule « *Qu'est-ce que les Lumières ?* », Kant définit l'*Aufklärung* comme «sortie de la minorité». L'homme avant d'être adulte a d'abord été enfant, mineur, c'est-à-dire hétéronome, soumis en matière de jugement à l'autorité et à la tutelle d'un autre. La raison doit conquérir de haute lutte son autonomie à l'égard des instances dogmatiques qui cherchent à restreindre son champ de pensée : dogmes religieux ou métaphysiques, préjugés, despotisme politique. Bref, l'*Aufklärung* est bien l'apprentissage du libre exercice de la pensée. Le terme français *Lumières*, par l'usage du pluriel, met plutôt l'accent sur la diversité des processus de désaliénation de la pensée, dans des domaines aussi variés que la politique, la culture et la religion.

2. Le progrès des Lumières

Au sens large, l'*Aufklärung* désigne une période de l'histoire qui comprend un ensemble d'événements et de processus historiques complexes, se situant à un certain moment du développement des sociétés européennes. Cet ensemble comporte des transformations politiques, économiques, sociales, culturelles et techniques, toutes en rapport étroit avec le noyau rationnel central qui constitue l'élément moteur de ce que l'on s'accorde à nommer le «progrès des Lumières».

Cette notion de *progrès*, assurément l'une des idées maîtresses de l'*Aufklärung*, constituant le pivot de toutes les autres, est d'abord indissociable du rationalisme scientifique :

– Le progrès est évidemment celui des sciences qui, grâce à Newton, ont reçu depuis un siècle leur assurance et leur fondement. L'optimisme des *Aufklärer* s'appuie sur le constat d'un progrès cumulatif, donc objectivement vérifiable, des sciences et de leurs applications techniques.

– Le progrès concerne également le devenir humain dans son rapport à la destination de l'homme. Comme l'affirme Mendelssohn, il faut distinguer la civilisation et les Lumières. La première ne définit que les raffinements des mœurs et des arts. Seules les Lumières concernent le rapport de l'homme à la vérité ainsi qu'à sa destination essentielle. Elles sont le « penser rationnel sur les choses et la vie humaine selon leur importance et influence sur la destination des hommes » (« Sur la question : *Que signifie éclairer ?* », traduit par D. Bourel, *Revue XVIIIe siècle*, t. X, p. 23).

L'anthropologie se substitue à l'onto-théologie : on s'interroge essentiellement sur ce qu'est l'homme, ce qu'il doit être et ce qu'il doit faire. Cette foi dans le progrès est la confiance dans la capacité qu'a l'homme de diriger, grâce à sa raison, le cours de son existence et de prendre en main librement son destin (voir E. Cassirer, *La Philosophie des Lumières*, Fayard, p. 40).

Si le progrès devient un concept fondamental, c'est parce que la vie de l'homme est placée sous le signe du temps. Herder et Condorcet affirment une confiance absolue dans la perfectibilité de l'espèce humaine, grâce au pouvoir de la raison, perfectibilité qui ne peut se développer que par le biais de l'histoire. À l'encontre de la vision pessimiste du devenir qui avait été celle de l'Antiquité et qui a dominé jusqu'à la Renaissance – idée d'un temps perçu comme déclin et décadence – la vision de l'*Aufklärung* est celle d'un temps créateur, d'une connaissance en constante extension, de vérités dissipant les ténèbres de l'ignorance et de la superstition, et, par là, d'un temps source de liberté, de sagesse et de bonheur. Le temps est ainsi l'agent d'un perfectionnement matériel, intellectuel et moral indéfini. L'optimisme de l'*Aufklärung* lie indissociablement la conquête de l'univers et l'émancipation de l'homme dans une conception harmonieuse et unifiée du progrès. Comme l'écrit Michel Foucault : « On sait que la grande promesse ou le grand espoir du dix-huitième siècle, ou d'une partie du dix-huitième siècle, était dans une croissance simultanée et proportionnelle de la capacité technique à agir sur les choses et de la liberté des individus les uns par rapport aux autres » (*Magazine littéraire* n° 309, avril 1993, p. 73).

commentaire méthodique — Dossier

minorité

Le terme *minorité* est défini ainsi par Kant : « incapacité de se servir de son entendement sans la direction d'autrui ». Dès lors, on peut être « naturellement majeurs », c'est-à-dire avoir atteint l'âge adulte où la nature nous a affranchis de la dépendance par rapport à une autorité et une direction étrangères, sans pour autant être aptes à penser par soi-même et à se passer d'une tutelle morale, intellectuelle ou religieuse. Au libre usage de l'entendement, s'oppose la tutelle des livres ; à l'autonomie morale, l'autorité du directeur de conscience. Kant précise que, chez l'adulte, la majorité est affaire de choix et de décision : le mineur est celui qui refuse l'émancipation et, au lieu d'assumer le risque de la liberté, choisit la sécurité, la soumission paresseuse et lâche à ceux qui aiment se poser comme tuteurs. Ainsi y a-t-il un rapport d'étroite complicité entre tuteur et mineur, car si le tuteur maintient le mineur dans sa dépendance et transforme cette minorité en une seconde nature, inversement le mineur recherche la facilité que lui confère la tutelle et se complaît dans le confort de son assujettissement. C'est pourquoi le despotisme a tout intérêt à maintenir les masses dans la minorité qui, à son tour, fait le lit du despotisme.

public

Terme clé des Lumières ; il désigne la communauté qui, sous l'impulsion de la liberté accordée à la pensée, se constitue comme un espace ouvert à la discussion et à une réflexion non soumise à l'autorité, transparente et non censurable, dont la puissance critique peut, éventuellement, menacer les pouvoirs en place. Ce terme n'a aucune connotation de passivité (au sens d'un public qui se contenterait d'écouter) mais un sens actif et dynamique. Il se comprend pleinement dans la notion d'*opinion publique*, dont la prise en compte se constitue au XVIIIe siècle comme objet de revendication explicite.

Public se distingue de *social* (ou civil) et de *juridique* (ou étatique). Entre la société civile, où jouent librement les intérêts, et l'État (organe de contrainte garantissant le jeu équitable des intérêts par la loi), Kant, à la suite de Rousseau, maintient un lieu – public, civique – de la parole et de la discussion qui est le lieu par excellence du politique. C'est pourquoi la forme accomplie du politique est pour Kant la république qui est la condition pour qu'existe une « chose publique » (*res publica*) où les libertés ne se contentent pas de servir le jeu des intérêts mais se constituent comme origine consciente et volontaire de la loi, capables de critiquer et de juger l'État. On ne peut qu'être sensible à la modernité de cette notion qui rejoint la réflexion contemporaine sur la démocratie comme libre espace de discussion.

savant

Le terme *savant*, dans le contexte de cet opuscule, ne doit pas être compris dans son acception traditionnelle. Le savant, ici, n'est ni l'érudit dans le domaine des humanités, ni celui qui par ses connaissances et ses recherches a contribué au progrès dans un domaine scientifique spécifique.

Le terme désigne l'*Aufklärer*, celui qui a accédé aux Lumières et qui fait partie de l'élite éclairée, cette même élite à laquelle il s'adresse dans un discours ou des écrits publics.

De manière plus générale, le savant est celui qui est apte à penser par lui-même en faisant un libre usage de sa raison. Comme tel, il ne reconnaît d'autre autorité que celle de la raison universelle, présente en chaque homme, et ne se réclame que de son propre tribunal. Dès lors, pour Kant comme pour les autres *Aufklärer*, il existe une élite éclairée et une multitude non éclairée : le savant a donc pour mission la diffusion des Lumières. Sachant que les hommes ne font pas tous un libre usage de la raison, il doit se fixer pour tâche d'instruire ses concitoyens sur leurs droits et leurs devoirs, ce qui présuppose bien évidemment la liberté politique.

La faculté de chacun de penser par soi-même dépendant du degré d'émancipation politique, culturelle et morale, infiniment variable selon les sujets (et d'ailleurs aussi selon les nations), – puisque nous ne vivons pas encore un siècle éclairé mais en marche vers les Lumières –, il va de soi que l'éducation joue un rôle fondamental (voir *Réflexions sur l'éducation*).

tuteur, tutelle

Sur le plan individuel comme sur le plan collectif, la tutelle est le corrélat de la minorité, c'est-à-dire de l'hétéronomie des individus et des peuples incapables de penser et de se diriger par eux-mêmes. La pensée hétéronome accepte de s'abandonner passivement à l'autorité d'autrui ; dès lors la tutelle peut être à la fois assujettissement politique au despotisme, mais également aux instances dogmatiques ou religieuses, aux préjugés et aux superstitions. Comme nous l'avons vu, la tutelle peut être considérée comme effet et cause de la minorité qu'elle engendre et entretient ; et à son tour la minorité se fait complice de son assujettissement et renforce l'emprise de la tutelle.

commentaire méthodique

Une confrontation paraît s'imposer ici entre la notion de « maître » qu'utilise Kant dans la Proposition VI de l'*Idée d'une histoire universelle*, et celle de tuteur, concept clé de *Qu'est-ce que les Lumières ?*. Il faut noter que si la notion de tuteur marque sans ambiguïté la dépendance nécessaire où se trouve l'individu mineur, le maître (voir *I.H.U.*, note 3 p. 38) – théoriquement du moins – a une fonction positive dans l'*Idée d'une histoire universelle*, exerçant une contre-violence fondatrice des lois dans le domaine politique et, de manière plus générale, une fonction éducative : il doit tenter de redresser la courbure naturelle de l'homme soumis à sa nature sensible et à ses inclinations égoïstes. Le rôle du maître est donc d'éduquer l'homme à la liberté, de sorte que, dans la logique de sa mission, il finisse par se nier en tant que maître.

Il est vrai cependant que le maître « doit être juste par lui-même » (*I.H.U.*, Proposition VI), ce qui reste problématique puisqu'il est toujours choisi parmi les hommes, dont la nature, par essence, est faite d'un « bois courbe ». Aussi le maître risque-t-il de dégénérer en despote, exerçant une tutelle abusive pour maintenir les individus sous sa dépendance. Mais on doit admettre également que le tuteur ne doit pas tenir indéfiniment les individus sous sa tutelle : il doit, au contraire, favoriser leur émancipation en les éclairant, en les éduquant à l'*autonomie*, autrement dit en leur faisant prendre conscience de « la vocation propre de chaque homme à penser par soi-même » (*Lumières*). Le rôle du tuteur, comme celui du maître d'ailleurs, devrait être de préparer l'homme « à la domination en laquelle la raison seule possédera la puissance » (*C.F.J.*, § 83).

usage public, usage privé de la raison

La distinction entre *usage public* et *usage privé* de la raison est fondamentale dans « *Qu'est-ce que les Lumières ?* » puisqu'elle définit les règles d'une libre expression de la pensée dans un État. Elle suppose :

1. Qu'on fasse la part de ce qui relève de l'obéissance et de ce qui appartient au libre usage de la raison. Ainsi faut-il obéir au pouvoir politique, se soumettre à la discipline militaire, à l'autorité religieuse, et ne raisonner qu'ensuite.

2. Qu'on sépare le domaine où l'individu exerce une fonction déterminée dans la société, ce qui à proprement parler définit la sphère privée pour Kant ; l'individu n'est alors qu'un rouage de l'organisation sociale – Kant dira « une pièce de la machine » – et il est tenu de rester en accord avec les principes et obligations qu'il a acceptées d'assumer, ce qui n'est que l'exigence de penser en accord avec soi-même (*C.F.J.*, Troisième maxime du sens commun, p. 127) Cette restriction dans le libre usage de la raison relève de

Dossier

ce que nous appelons aujourd'hui le *devoir de réserve*. En bref, l'usage privé de la raison désigne celui qui s'inscrit dans l'usage privé de l'institution.

En revanche, Kant réclame une entière liberté dans l'usage public de la pensée, c'est-à-dire quand un individu raisonne en tant que savant (voir **Dossier**, Concepts clés p. 103), faisant partie de la communauté intellectuelle et s'exprimant dans des discours publics ou des écrits publics : « Par usage public de sa propre raison, j'entends l'usage qu'en fait quelqu'un à titre de savant devant l'ensemble du public qui lit » (*Qu'est-ce que les Lumières ?*). De façon plus générale, Kant revendique le droit au libre usage public de la raison, quand on s'adresse non pas au public restreint – celui qui s'inscrit dans l'espace privé de l'institution – mais au public élargi de la société universelle, bref lorsqu'on en pense en être raisonnable s'adressant au *monde* (voir *I.H.U.*, Concepts clés, Cosmopolitisme* p. 51), entendu au sens kantien de « communauté d'êtres raisonnables ». Dans cette perspective, on jouit alors d'une liberté sans bornes d'utiliser sa propre raison, de parler en son propre nom. Alors que dans l'usage privé de la raison, c'est-à-dire dans l'exercice de la fonction, tout acte de résistance est interdit par Kant et que la raison nous dicte d'obéir à la loi, fût-elle même injuste, dans le libre espace de discussion, on a le devoir de dénoncer et de critiquer publiquement les abus ou les injustices.

Kant affirme clairement que la raison doit s'exercer librement dans son usage public et être soumise dans son usage privé. Dans ce dernier cas, il ne s'agit évidemment pas d'une obéissance aveugle et inintelligente, caractéristique de la minorité, mais d'une cohérence avec le système et l'institution auxquels on appartient en tant que membre actif d'une société civile.

Grandes thèses

L'esprit des Lumières

▶▶ 1. Une réflexion de l'époque sur sa propre modernité

L'*Aufklärung* a été la première période à s'être comprise comme le lieu d'une interrogation sur sa propre actualité. Comme le remarque à juste titre Michel Foucault, la nouveauté de Kant dans *Qu'est-ce que les Lumières ?* réside dans une réflexion sur l'actualité même de son entreprise critique et, à travers elle, dans une prise de conscience de son époque comme d'un moment historique dans le devenir de l'humanité.

Bien sûr la modernité remonte à Descartes : lorsque ce dernier entreprend « de commencer tout de nouveau dès les fondements », il rompt bien avec la tradition, mais c'est pour établir sur des bases plus solides « la philosophie éternelle ». La modernité de Descartes s'ignore elle-même et elle ne se découvre et ne devient objet de réflexion qu'avec Kant et ses successeurs, les premiers à jeter un regard sur l'historicité de la pensée.

Dans cet opuscule, Kant ne cherche pas à comprendre l'origine et le sens de l'*Aufklärung* – comme c'est le cas dans sa réflexion sur l'histoire. Il s'intéresse à ce qui fait la spécificité de ce mouvement dans son actualité, définissant l'*Aufklärung* comme « sortie de la minorité ».

▶▶ 2. La sortie de la minorité

L'homme avant que d'être adulte a d'abord été animal, enfant, mineur. Kant définit la minorité comme un état d'hétéronomie de la volonté en matière de jugement, c'est-à-dire comme un état de soumission à l'autorité et à la tutelle d'un autre là où il conviendrait de faire un libre usage de sa raison. Kant ajoute que l'individu est responsable de sa minorité en raison de sa paresse et de son manque de courage : c'est si confortable d'être mineur.

Si l'homme est responsable de sa minorité, il ne pourra en sortir que par un acte lui-même responsable, par une transformation de soi dont il doit être l'auteur. C'est ainsi que l'homme accède à la « majorité ». Kant ne pense évidemment pas à la majorité naturelle qui rend les hommes adultes, c'est-à-dire qui les affranchit de l'autorité parentale. La majorité que définit l'*Aufklärung* est une émancipation d'ordre purement intellectuel, un affranchissement de l'entendement soumis jusque-là aux instances dogmatiques, aux préjugés, aux superstitions. La majorité naturelle est un processus de maturation quasi biologique, favorisé certes par l'éducation, mais que l'on subit passivement sans intervention de la volonté. La sortie de l'homme de sa minorité est une émancipation d'ordre intellectuel dont il porte lui-même la responsabilité. Ce qui fait l'originalité du point de vue kantien, c'est que l'émancipation n'est pas le fruit de réformes politiques et économiques, comme la pensée révolutionnaire sera tentée de le croire. Réclamer et obtenir des libertés, ce n'est pas encore se libérer car la liberté relève pour Kant d'une décision individuelle.

▶▶ 3. Le cercle vicieux de la complicité entre tuteurs et mineurs

Les choses se compliquent parce que la minorité, entretenue soigneusement par les tuteurs, finit par devenir une seconde nature. La tutelle maintient abusivement l'individu dans la minorité, et dans cette passivité, la volonté s'enlise et la liberté se perd. Montesquieu, Rousseau et plus tard Tocqueville ont montré que le choix de la sécurité – qui n'est que le refus d'assumer les risques de la liberté – entraîne inexorablement une lâche soumission qui fait le lit du despotisme. Kant fait allusion aux « chefs d'État qui s'intitulent "pères de la Patrie" parce qu'ils s'entendent mieux que leurs sujets à les rendre heureux ».

L'assujettissement de l'enfant par le maître et du sujet par le gouvernement peut être abusif : il est clair que la tutelle doit être comprise à la fois comme cause et effet de la minorité. Kant rappelle aux maîtres et aux gouvernants, qui justifient leur autorité par l'infériorité réelle des enfants et des sujets (ne sachant pas penser par eux-mêmes et ayant besoin d'une autorité pour les guider), que c'est souvent leur autorité qui les maintient en tutelle : « Après avoir rendu bien sot leur bétail [...] », « On ne peut mûrir pour la liberté si on n'a pas été mis au préalable en liberté » (*Religion*.) Mais aux enfants et aux sujets qui vivent leur soumission comme une contrainte imposée par une volonté arbitraire extérieure, Kant rappelle qu'ils ne peuvent faire l'économie du courage et sont souvent complices de leur propre minorité. On ne peut à la fois profiter des facilités de la tutelle et revendiquer la dignité d'un être libre.

Devenir adulte, c'est d'abord penser par soi-même

« Penser par soi-même » est la première maxime du sens commun (de « l'entendement sain » ou de la « saine raison », comme le dit Mendelssohn), qui doit émanciper de l'hétéronomie, des préjugés, des superstitions, des tutelles en tous genres, et permettre à la pensée de se conquérir en propre. « La première maxime est celle d'une raison qui n'est jamais passive. On appelle préjugé la tendance à la passivité et par conséquent à l'hétéronomie de la raison » (*C.F.J.*, Vrin, pp. 127-128). La pensée autonome refuse de s'abandonner passivement à l'assentiment d'autrui et à faire passer ainsi une représentation collective pour l'universalité, ce qui est la source des préjugés et des superstitions. Elle n'a de compte à rendre qu'à la raison et ne s'autorise que de son propre tribunal. N'étant soumise à aucune puissance extérieure et étrangère, elle n'obéit qu'à sa propre loi. L'idée de *loi* est bien au centre des Lumières, car elle libère l'homme de l'arbitraire et du caprice, et le place sous le signe de l'universalité : lois naturelles d'un entendement législateur, lois morales auxquelles j'obéis librement parce que ce sont les lois de la raison.

Mais *penser*, au sens strict de ce terme, se dit chez Kant de l'activité de la raison et non de la pensée scientifique (c'est-à-dire de l'activité de l'entendement qui subsume sous des règles le divers des phénomènes). Elle répond à un besoin profond de l'esprit : le désir d'« inconditionné », la nostalgie d'un premier commencement qui serait *causa sui*, désir que Kant identifie à l'aspiration humaine à la liberté – « la pensée humaine ne cesse jamais de tendre vers la liberté » (*Qu'est-ce que s'orienter ?*, Vrin, p. 86). L'essence de la pensée n'est donc pas d'ordre théorique puisque penser n'est pas connaître ; c'est l'orientation pratique qui se manifeste en elle, à travers l'exercice même de la liberté.

Ainsi la liberté de penser manifeste l'essence même de notre être raisonnable car, en posant comme principe que l'esprit ne peut servir d'autre vérité que la sienne, elle signifie « que la raison ne se soumet à aucune autre loi que celle qu'elle se donne à elle-même » (*Qu'est-ce que s'orienter ?*, Vrin, p. 87). C'est donc bien dans la liberté de penser que s'enracine toute autre forme de liberté.

L'éthique de la pensée requiert l'existence d'un libre espace public ouvert à la discussion

L'affranchissement de la pensée, l'accès à l'autonomie, supposant un acte volontaire, sont d'abord et essentiellement une initiative individuelle. Or Kant reconnaît qu'il est extrêmement « difficile à chaque homme pris individuellement de sortir d'une minorité qui est presque devenue pour lui-même une seconde nature ». Et il ajoute plus loin : « Mais qu'un public s'éclaire lui-même, c'est plus probable ». Kant distingue donc l'émancipation individuelle et l'émancipation publique. Il manque à l'émancipation individuelle l'éclairement par la discussion publique. L'émancipation publique n'est pas supérieure en tant que collective mais en tant que libre confrontation des opinions, usage critique de la raison sans limites, stimulé et favorisé par l'intersubjectivité : « Quelle serait l'ampleur et la justesse de notre pensée si nous ne pensions en communauté ? » (*Qu'est-ce que s'orienter ?*).

Kant introduit ici une idée promise à un riche avenir, comme le démontre la réflexion politique de notre temps (voir Habermas, H. Arendt, etc.) : celle d'un libre espace de discussion, fondement de l'exercice d'une authentique démocratie et surtout instrument privilégié de l'affranchissement individuel de la pensée. « Car il se trouvera toujours, y compris parmi les tuteurs attitrés du peuple, quelques individus pensant par eux-mêmes et qui, après avoir secoué le joug de la minorité, propageront autour d'eux l'esprit d'une appréciation raisonnable de la valeur et de la vocation propres de chaque homme à penser par soi-même. » Ce libre espace public de discussion permet donc la diffusion des Lumières par les hommes les plus éclairés à la multitude non éclairée, non pas pour maintenir leur tutelle mais au contraire pour leur apprendre à se passer de tuteurs, ce qui est, à proprement parler, la finalité de l'éducation.

La solution kantienne au problème de la liberté d'expression : la distinction entre usage public et usage privé de la raison

La notion clé de l'opuscule kantien, à savoir l'idée de *public*, désigne une communauté conçue comme un espace ouvert à la discussion et à une réflexion non soumise à l'autorité, et qui ne peut se constituer que sous l'impulsion de la liberté accordée à la pensée. Mais la puissance critique dont dispose cette communauté ne risque-t-elle pas, en provoquant des actes de désobéissance, voire de rébellion, de menacer les pouvoirs en place, de remettre en cause l'ordre et la sécurité de l'État ?

Le problème était à l'ordre du jour, en particulier dans le domaine religieux. Mendelssohn, en 1783, avait soulevé la question dans *Jérusalem* : les prêtres peuvent-ils s'engager par serment sur certaines « vérités » de la religion, tout en étant convaincus dans leur for intérieur qu'elles sont fausses ? Il envisage différentes solutions – dont aucune n'est, selon lui, à rejeter – en fonction des circonstances : cacher la vérité dans son cœur et continuer à enseigner ce qu'on croit faux ; démissionner sans en dire la raison ; ou encore dire la vérité et s'en remettre à l'État. Kant a loué Mendelssohn d'avoir su réconcilier sa religion juive avec la liberté de conscience. Mais ne disposant pas de la distinction privé/public, Mendelssohn ne peut dominer par un principe universel les conflits entre le devoir moral de la conscience et les obligations du citoyen.

L'éthique de la pensée requiert, selon Kant, l'exigence de publicité : il entend par là le libre usage public de la raison sous tous les rapports, non pas seulement un espace intersubjectif de discussion mais le droit illimité de traduire devant le tribunal de la raison toute espèce de discours, d'écrit ou de pratique. Cette notion de *publicité*, au sens kantien du terme, est constante dans toute l'œuvre du philosophe. Dans l'opuscule sur les Lumières, il la pose comme une condition essentielle de l'émancipation de l'homme (voir **Dossier**, Concepts clés p. 102 et pp. 104-105). Pour bien en comprendre la signification, il faut commencer avec Kant par faire la part de ce qui relève de l'obéissance et de ce qui appartient au libre usage de la raison. Ainsi faut-il obéir au pouvoir politique et se soumettre à la discipline militaire, à l'autorité religieuse et ne raisonner qu'ensuite. Kant ne dit pas que la minorité consiste à désobéir et raisonner, voire à raisonner pour désobéir, mais à obéir sans raisonner, ce qui est une obéissance aveugle et inintelligente.

Il est ainsi amené à établir une distinction entre *usage public* et *usage privé* de la raison, en précisant que la raison doit s'exercer librement dans son usage public et se soumettre dans son usage privé. La sphère privée concerne le domaine où l'individu agit dans le cadre d'une institution dont il est un membre actif, et plus précisément où il exerce une fonction déterminée dans la société. Il n'est alors qu'un rouage d'une organisation sociale, une « pièce de la machine ».

Il est clair que Kant envisage ici une restriction importante dans le libre usage de la raison, car tout individu est tenu de rester en accord avec les principes et obligations de la fonction dont il a accepté d'assumer la responsabilité. Ce qui n'est que l'exigence de penser en accord avec soi-même (*C.F.J.*, Troisième Maxime du sens commun, p. 127). Cette restriction relève de ce qu'on appelle aujourd'hui l'*obligation de réserve*. Ainsi, dans la sphère privée, tout acte de résistance est condamné par Kant : même si la loi est injuste, il faut lui obéir mais ne pas se priver de la critiquer publiquement.

En revanche, Kant réclame une entière liberté de discussion et de critique dans l'usage public de la pensée, c'est-à-dire quand un individu raisonne en tant que *savant* (au sens de l'époque, un homme « éclairé »), faisant partie de la communauté intellectuelle et s'exprimant dans des discours publics ou des écrits publiés. De façon plus générale, quand on s'adresse au public élargi de la société civile universelle, bref lorsqu'on pense en être raisonnable, s'adressant au *monde* entendu au sens kantien de communauté des êtres raisonnables, on jouit d'une liberté sans bornes d'utiliser sa propre raison et de parler en son propre nom.

Objections possibles et réponses

Certains commentateurs, s'appuyant sur l'idée kantienne selon laquelle le progrès consiste en une diffusion des Lumières à partir de l'élite éclairée, ont pu souligner que la liberté de penser chez Kant « est pratiquement réduite à une faculté de discussion académique entre personnes éclairées », ce qui est loin de représenter une conception vraiment positive et active de la liberté comme moyen d'action démocratique. La liberté dans ce texte « n'est pas démocratique mais se rattache plutôt à l'idéal aristocratique des Lumières » (voir G. Vlachos, *La Pensée politique de Kant*, PUF, p. 522).

On peut penser aussi que Kant ne fait qu'entériner une liberté de conscience qui est déjà présente dans le code public prussien de Frédéric II (le *Landrecht*) mais qui ne saurait être confondue avec une réelle participation aux décisions politiques.

C'est mal comprendre le sens et la portée du nouvel espace public qui fait communiquer les individus et l'État, rationalisant le fonctionnement de celui-ci et l'orientant en permanence vers des réformes. L'existence d'une *opinion publique*, par exemple, signifie que les personnes se comportent en citoyens majeurs, informent le souverain et amorcent des réformes (voir Tosel, *Kant révolutionnaire, droit et politique*, Paris, PUF, 1988, p. 89).

Par ailleurs, la négation du droit de résistance ne doit pas s'entendre dans un sens conservateur puisqu'elle ne signifie pas la résignation face au pouvoir en place, dans la mesure où, parallèlement à l'obéissance, Kant revendique la constitution d'un espace ouvert à la discussion et à la critique. Il ne nie le principe d'un droit de résistance que dans le cadre du fonctionnement d'une institution et de l'organisation hiérarchique qu'elle implique. Le désordre engendré par la désobéissance constituant une menace pour la survie d'une institution – et *a fortiori* d'un État – ne peut provoquer que le recul de la liberté et même la suppression pure et simple de cet espace public ouvert à la discussion, ce qui est le propre des régimes tyranniques. On peut donc conclure que l'excès d'une liberté mal comprise entrave le progrès des Lumières.

L'homme éclairé conjugue le triple usage de la raison : libre, public et universel

Revenons à la formule « faire un libre usage public de la raison ». Cette notion de *publicité* au sens kantien, et en particulier le lien qu'elle entretient avec la liberté, a besoin d'être explicitée. La publicité est une exigence d'ordre éthique puisqu'elle requiert le courage d'affirmer la vérité au grand jour, sans dissimulation. On peut ainsi la considérer comme le prolongement naturel de la liberté de penser. « On dit, il est vrai, que la liberté de parler ou d'écrire peut nous être ôtée par une puissance supérieure, mais non pas la liberté de penser. Mais penserions-nous beaucoup, et penserions-nous bien, si nous ne pensions pas pour ainsi dire en commun avec d'autres, qui nous font part de leurs pensées et auxquels nous communiquons les nôtres ? Aussi bien, l'on peut dire que cette puissance extérieure qui enlève aux hommes la liberté de communiquer publiquement leurs pensées, leur ôte également la liberté de penser [...] » (*Qu'est-ce que s'orienter ?*, Vrin, p. 86). C'est affirmer qu'il n'y a de libre exercice de la pensée que public. Kant ne veut pas dire que la liberté naît de la communication et de la discussion. C'est plutôt la liberté de l'esprit qui rend possible l'ouverture au point de vue d'autrui : la Deuxième Maxime du sens commun (*C.F.J.*, § 40), celui du pluralisme, prescrit « de se mettre à la place de tout autre ». Cela ne veut pas dire se mettre à la place d'un autre, au sens empirique du terme, mais convoquer, par le libre jeu de l'imagination, c'est-à-dire sur le mode réflexif au sens kantien (et c'est là que s'exerce originellement notre liberté), un public fictif, une communauté idéale d'êtres raisonnables, bref penser du point de vue de l'universel en citoyen du monde.

Cette pensée de l'universel à laquelle nous convie la Deuxième maxime nous prémunit contre l'égoïsme logique propre au dogmatisme qui « ne tient pas pour nécessaire de vérifier son jugement d'après l'entendement d'autrui comme s'il n'avait aucun besoin de cette pierre de touche » (*Anthropologie*, § 2). Mais elle s'oppose aussi à l'égoïsme moral qui refuse de faire abstraction de son moi et de ses désirs singuliers pour se hausser jusqu'à l'universalité de la loi morale qui enveloppe le respect de chacun. L'*Aufklärung* conjugue ainsi le triple usage de la raison : libre, public et universel.

Conditions politiques du libre usage de la raison

Si devenir adulte c'est avoir le courage de penser par soi-même, le libre exercice de la raison est d'abord affaire du sujet lui-même en tant qu'individu. Mais la bonne volonté et le courage individuels ne suffisent pas. La faculté de chacun de penser par soi-même dépendant du degré d'émancipation politique et moral infiniment variable selon les sujets – puisque nous ne vivons pas encore en un siècle complètement éclairé mais en marche vers les Lumières –, il va de soi que l'éducation, qui est essentiellement éducation à la liberté, joue un rôle fondamental (voir *Réflexions sur l'éducation*). Certes l'homme pensant se sait libre et éclairé, mais il n'ignore pas que les hommes ne sont pas tous pensants. Il faut donc que les hommes éclairés instruisent leurs concitoyens sur leurs droits et leurs devoirs. « Qu'un public s'éclaire lui-même rentre davantage dans le domaine du possible. C'est même, pour peu qu'on lui en laisse la liberté, à peu près inévitable. » Kant énonce ici la condition politique fondamentale du progrès des Lumières. L'*Aufklärung* ne doit pas être compris seulement comme une obligation prescrite aux individus : il apparaît, à la fin de cet opuscule, comme un problème politique. Il faut en effet que les gouvernements permettent à leurs sujets de penser librement.

▶▶ 1. Le paradoxe du despotisme éclairé

Kant, au stade présent, c'est-à-dire dans le contexte d'une marche vers les Lumières, prend la défense du despotisme éclairé à l'image de celui de Frédéric II, même si sa préférence va vers le régime républicain. Kant loue Frédéric II de ne pas s'être mêlé de penser à la place de son peuple. Son mérite est d'avoir laissé ses sujets penser et raisonner librement, à la seule condition qu'ils obéissent. Le despotisme éclairé, en rabaissant l'aristocratie féodale, crée les conditions pour faire éclore « sous une rude enveloppe, le germe de la liberté ». « Au moins pour ce qui est de l'Allemagne, le renforcement des pouvoirs de la monarchie et de l'appareil d'État joue un rôle progressiste, dans la mesure où il vise à rabaisser une féodalité toute-puissante et allergique à toute réforme. Pensons simplement au décret par lequel Frédéric II, en Prusse, abolit le servage de la glèbe ; celui-ci fut condamné à l'échec du fait de la réaction des Junker et de la noblesse » (D. Losurdo, *Autocensure et compromis dans la pensée de Kant*, Presse Universitaire de Lille pp. 47-48).

Tel est le paradoxe du despotisme éclairé : « Plus un monarque éclairé est fort ("dispose [...] d'une armée nombreuse et bien disciplinée pour garantir la paix publique"), plus il peut accorder tout son droit à la critique ("Critiquez autant que vous voulez [...]") : il sait qu'il sera obéi ». C'est la situation la plus favorable à la liberté de l'esprit. Inversement « un degré supérieur de liberté civile », envisagé ici péjorativement par Kant comme un État où la loi pourrait ne pas être respectée, n'offre qu'apparemment « une plus grande liberté de l'esprit », car le pouvoir est contraint d'assigner des bornes infranchissables, précaution sans laquelle cet État risque de ne pas être obéi. Paradoxalement, l'État apparemment le plus libre est donc le moins armé pour admettre la critique et la discussion.

La typologie des formes politiques dans l'*Anthropologie du point de vue pragmatique* (§ 109, II) permet de mieux comprendre cette argumentation. Kant établit que le pouvoir est un terme médiateur entre la liberté et la loi, et distingue quatre manières de les combiner : 1. liberté et loi sans pouvoir : anarchie ; 2. loi et pouvoir sans liberté : despotisme ; 3. pouvoir sans liberté ni loi : barbarie ; 4. pouvoir avec liberté et loi : république. Kant distingue entre la forme et le mode de gouvernement : la forme républicaine est la seule vraie forme de constitution civile. Il peut arriver qu'un État républicain quant à la forme soit moins favorable à la liberté qu'un État de forme monarchique mais dont le mode est républicain, c'est-à-dire assure le règne du droit et limite l'arbitraire. Car un pouvoir fort, capable de remplir son office, pourra sans dommage laisser libre cours à la critique et même y trouvera intérêt. Celle-ci le transformera de l'intérieur, l'orientant vers la véritable « société de la plus grande liberté » au sens qu'elle a dans la Cinquième Proposition de l'*Idée d'une histoire universelle*.

Dans le *Projet de paix perpétuelle*, il insistera sur le fait que les gouvernements ont intérêt à écouter les philosophes et à favoriser le libre exercice de la pensée dans la communauté intellectuelle. Kant va jusqu'à suggérer habilement que l'usage libre et public de la raison est la meilleure garantie de l'obéissance, à condition toutefois que le pouvoir politique s'exerce lui-même en accord avec les lois de la raison. Mais là encore, précise Kant, comme nous ne vivons pas dans un âge parfaitement éclairé, l'autorité de la pensée ne saurait remplacer celle du gouvernement, c'est-à-dire d'une administration solide et d'une armée bien disciplinée…

▶▶ 2. La conformité de toute loi publique au pacte social originaire

Kant envisage la liberté dans deux contextes différents : le contexte synchronique des conditions de la liberté de penser dans un présent déterminé, en l'occurrence celui de Frédéric II de Prusse. Mais il analyse aussi le contexte diachronique des conditions de la liberté de penser dans la perspective de la durée historique. En effet, si la spécificité de l'*Aufklärung* est d'être un processus de libération qui ne peut se réaliser que progressivement dans le temps, la condition politique de cette réalisation est de préserver dans l'avenir la possibilité de tout progrès, c'est-à-dire d'une remise en question des conventions et des lois qui régissent le droit.

Il privilégie l'exemple des questions religieuses car c'est là qu'un dogmatisme rigide, source d'obscurantisme, est le plus manifeste. Mais ce qu'il affirme peut s'appliquer à toutes les conventions et lois publiques, au droit institué en général. Kant juge contraire à la liberté de conscience la pratique du serment religieux. « Même dans l'état civil, il est contraire à la liberté inviolable de l'homme de le contraindre à prêter serment » (*F.M.M., Doctrine du droit*, Vrin, p. 186).

D'une manière générale, tout engagement d'obéissance et de fidélité absolue à un dogme, une convention ou une loi, jugés immuables, est une entrave au progrès des Lumières : « Pareil contrat qui serait conclu afin d'empêcher pour toujours tout nouveau progrès du genre humain vers les Lumières est purement et simplement nul et non avenu. » « Un siècle ne peut pas se liguer et jurer de mettre le suivant dans une situation telle qu'il lui soit impossible d'étendre ses connaissances (alors qu'il s'agit de connaissances d'un intérêt si élevé), de rectifier ses erreurs et d'une manière générale de progresser vers les Lumières. Ce serait un crime contre la nature humaine, dont la destination originaire consiste précisément dans ce progrès, et les descendants sont donc parfaitement fondés à rejeter ces décisions comme ayant été prises de manière incompétente et à la légère » (*Qu'est-ce que les Lumières ?*).

Une convention n'est valide que si elle est conforme avec le seul contrat légitime, le contrat social originaire, unique critère de justice civile et dont l'idée est inséparable de l'émancipation au sens des Lumières, c'est-à-dire par la citoyenneté et la volonté générale. « La pierre de touche de la conformité au droit de toute loi publique » est le contrat social conçu par Kant comme une idée de la raison, non comme un fait premier. « C'est-à-dire que si cette loi est dite de telle façon qu'il soit impossible qu'un peuple tout entier puisse lui donner son assentiment (si par exemple elle est faite de telle façon qu'une certaine classe de sujets doivent détenir héréditairement le privilège de la condition seigneuriale), alors elle est injuste ; mais s'il est seulement possible qu'un peuple lui donne son assentiment, c'est alors un devoir de considérer la loi comme juste » (*Sur le lieu commun*, II, corollaire, in Kant, O.C., Gallimard, La Pléiade, p. 279).

Sujet de dissertation

Peut-on penser par soi-même ?

▶▶ Introduction

On fait remonter à juste titre la modernité à la prise de conscience par Descartes de l'absolue autonomie du sujet pensant. La *Première Méditation* exprime la volonté systématique de remettre en question toutes les certitudes acquises depuis l'enfance, de rompre avec toute forme de tradition, en particulier avec le dogmatisme de la pensée scolastique, pour réapprendre à penser par soi-même en faisant un libre usage de son entendement.

Chez Descartes, cette entreprise, purement individuelle, relève d'une simple décision de la volonté et le doute radical est la manifestation de la liberté infinie du sujet, capable de dire non même à l'évidence. Si le bon sens est la chose du monde la mieux partagée pour Descartes, tout homme est capable de reprendre à son compte cet itinéraire intellectuel; tout sujet est capable de penser par soi-même et de faire un libre usage de sa raison.

Ce qui va de soi pour Descartes, à savoir cette aptitude intrinsèque de tout sujet pensant à penser par soi-même, n'est pas si évident lorsqu'on y réfléchit. Pensons par exemple à l'inégalité des individus, tant du point de vue de leurs dispositions intellectuelles innées que de leur accès à la culture, inégalité qui rend problématique la possibilité même, pour tout être pensant, de faire un libre usage de sa raison. C'est une question légitime que de se demander si on peut penser par soi-même. Si la réponse de Descartes est affirmative sans réserve, celle de Kant apparaît plus ambiguë.

D'où notre première question : suffit-il de le vouloir pour penser par soi-même ? Peut-on considérer le libre exercice de la raison comme une entreprise strictement individuelle, relevant de la seule décision de la volonté ?

▶▶ I. Le courage de penser par soi-même

I. 1. L'état de minorité ou l'immaturité intellectuelle

La plupart des hommes ne pensent pas par eux-mêmes, c'est-à-dire ne se servent pas de leur entendement sans la direction d'autrui. On se référera, chez Descartes, à la première partie du *Discours de la méthode* ainsi qu'au début de la deuxième partie : « Et ainsi encore je pensai que, pour ce que nous avons tous été enfants avant que d'être hommes, et qu'il nous a fallu longtemps être gouvernés par nos appétits et nos précepteurs, qui étaient souvent contraires les uns aux autres, et qui, ni les uns ni les autres, ne nous conseillaient peut-être pas le meilleur, il est presque impossible que nos jugements soient si purs ni si solides qu'ils auraient été si nous avions eu l'usage entier de notre raison dès le point de notre naissance, et que nous n'eussions jamais été conduits que par elle. »

En ce qui concerne Kant, on développera les notions de *minorité*, de *tuteur*, d'*hétéronomie de la pensée* (voir **Dossier**, Thèses, Concepts clés et Glossaire).

I. 2. « Ose penser par toi-même »

Kant s'inscrit dans la continuité de Descartes lorsqu'il reprend la devise d'Horace *Aude sapere* au sens de : « Aie le courage de penser par toi-même ». Être capable de penser par soi-même relève d'abord, chez Kant comme chez Descartes, d'une simple décision de la volonté :

– Voir chez Descartes le doute méthodique (2e partie du *Discours de la méthode* et *Première Méditation*). Il s'agit bien là d'une éthique inhérente à la pensée même, le refus de la soumission passive à l'autorité, l'affranchissement par rapport à toute forme de tutelle, instances dogmatiques, préjugés, superstitions, etc.

– Dans ce contexte où la liberté de la pensée relève de la seule bonne volonté, l'incapacité de penser par soi-même n'est nullement une faiblesse ou une limitation de l'entendement, mais un manque de courage, une forme de lâcheté qui consiste à suivre la pente de la facilité. C'est tellement plus rassurant, tellement plus confortable de se réfugier dans l'immaturité et de s'abandonner à la direction d'un tuteur (voir le début de *Qu'est-ce que les Lumières ?*).

I. 3. L'autonomie de la pensée manifeste l'essence même de notre être raisonnable

La liberté de penser manifeste l'essence même de notre être raisonnable, car en posant comme principe que l'esprit ne peut servir d'autre vérité que la sienne, elle signifie que « la raison ne se soumet à aucune autre loi que celle qu'elle se donne à elle-même » (*Qu'est-ce que s'orienter ?*, p. 87). Dans la perspective d'une réflexion métaphysique sur l'essence de la pensée, la question « Peut-on penser par soi-même ? » perd toute signification dans la mesure où elle se réduit à une tautologie : en effet, par essence, il ne peut y avoir de pensée que totalement libre (sinon ce n'est plus une pensée), ou tout du moins dans un processus d'affirmation et de conquête de cette liberté.

▶▶ II. La pensée aliénée

II. 1. Penser par soi-même n'est pas chose facile selon Kant : « D'autres se chargeront bien de cette pénible besogne »

À la différence de Descartes, Kant prend conscience de la difficulté pour un individu livré à lui-même d'accéder à l'autonomie de la pensée et d'opérer seul ce travail d'affranchissement. Il a conscience qu'on a le devoir d'exercer son jugement critique mais que le processus d'émancipation de la pensée ne relève pas de la seule bonne volonté.

– Tout d'abord, l'attitude passive étant la pente naturelle de la facilité, les hommes préfèrent rester dans la minorité, ce qui offre à quelques-uns l'occasion d'exercer leur tutelle. Ainsi se tisse une complicité entre tuteurs et mineurs, au point que ces derniers finissent par prendre goût à cette tutelle et que la minorité devient chez eux une seconde nature.

– La difficulté de secouer le joug des tutelles est d'autant plus grande qu'elles s'exercent souvent à notre insu. Les automatismes de la pensée se substituent à une pensée libre, consciente et active : « Préceptes et formules, ces instruments mécaniques d'un usage de la raison, ou plutôt du mauvais usage des dons naturels, sont les fers qui enchaînent une minorité qui se prolonge [...] Aussi peu nombreux sont ceux qui ont réussi à se dégager de la minorité par un travail de transformation opéré sur leur propre esprit » (voir début de *Qu'est-ce que les Lumières ?*).

L'émancipation de la pensée serait-elle une entreprise vouée à l'échec ?

II. 2. Ce que nous enseignent les philosophies du soupçon

Nietzsche, Marx et Freud, mais déjà avant eux Spinoza, ont dénoncé l'illusion d'un cogito transparent et autonome, et montré que la bonne foi intellectuelle et le courage n'empêchent pas l'aliénation de la pensée travaillée à son insu par l'inconscient individuel et collectif.

II. 3. La force des idéologies

C'est dans la notion d'idéologie que s'explicite le mieux l'idée d'une pensée qui se croit pensée active et autonome alors qu'elle est totalement passive et aliénée. La définition minimale de l'idéologie que propose François Châtelet traduit parfaitement ce qu'est la pensée aliénée : « une pensée qui ne critique pas, et qui ne pense pas sa propre provenance ».

La marque de l'idéologie, comme le précise Althusser, est de s'ignorer comme idéologie et de se présenter comme vérité : « Ceux qui sont dans l'idéologie se croient par définition en dehors de l'idéologie... » On comprend donc que penser à travers l'idéologie soit le fait d'un penseur passif et non d'un penseur actif, et qu'une telle attitude relève de l'adhésion irrationnelle ou d'une « rationalisation » au sens freudien plutôt que d'un savoir qui connaît sa propre genèse.

Enfin, aussi bien Nietzsche, Freud que Marx voient la racine de l'aliénation idéologique dans les pratiques et les rapports humains, et dans les intérêts vitaux très puissants qu'ils mettent en œuvre et qui sont en général des illusions. Comme le mythe dans les sociétés traditionnelles, elle assure l'insertion de l'individu dans une collectivité. Les sociétés humaines sécrètent l'idéologie comme l'élément et l'atmosphère indispensables à leur vie historique, remarque Maurice Blanchot. Mais cet élément nécessaire à la cohésion de la vie sociale peut devenir lui-même asphyxiant, s'il n'est pas travaillé du dedans par une pensée critique qui doit être toujours en éveil. Les dérives tragiques des totalitarismes du XXe siècle qui, par définition, se fondent sur des idéologies – qu'elles soient nationalistes, religieuses, «communistes» – témoignent de ce germe d'asphyxie contenu en toute idéologie quand, en niant ou en interdisant la liberté de penser par soi-même, elle supprime purement et simplement la pensée.

▶▶ III. L'émancipation individuelle de la pensée est indissociable de l'instauration d'un libre espace public de discussion

On peut accorder aux philosophies du soupçon qu'une pensée transparente pour elle-même, capable de critiquer et de comprendre sa propre provenance, bref une pensée autonome, n'existe pas d'emblée. Ce qui est premier, c'est la pensée travaillée à son insu par des processus qui lui échappent. Toutefois, prétendre que tout effort d'émancipation est encore une illusion et qu'on est déjà et toujours dans l'idéologie est un sophisme. Car la notion d'idéologie ne prend son sens que par rapport à celle de vérité, au moins sous la forme d'un but à atteindre, relevant d'une éthique de la pensée, de même que la notion d'illusion ne se comprend que par rapport à celle de réalité. L'idéologie, précisons-le, n'engendre qu'une universalité fictive, autrement dit une représentation collective qui se prend pour l'universel.

Revenons à la question: «Peut-on penser par soi-même?». Ne peut-on échapper à l'alternative entre, d'une part, un affranchissement individuel de la pensée, possible théoriquement mais exceptionnel et asymptotique dans sa réalisation et, d'autre part, une pensée inéluctablement condamnée à l'aliénation chez un sujet dépossédé de lui-même? Kant a tenté de dépasser cette alternative en proposant une réponse qui rejoint celle des penseurs contemporains de la démocratie.

Nous sommes en mesure maintenant d'ordonner la problématique selon deux questions bien précises:
– Peut-on s'affranchir seul de l'hétéronomie?
– À quelles conditions l'affranchissement de la pensée est-il possible, qu'il soit une émancipation individuelle ou un processus collectif – ce que désigne, à juste titre, l'*Aufklärung*, «mouvement d'un public vers les Lumières»?

III. 1. L'émancipation individuelle de la pensée est-elle possible?

Kant précise dès les premières pages de *Qu'est-ce que les Lumières?* qu'il est difficile à chaque homme, pris individuellement, de se servir de son propre entendement. Il ajoute que ce qui reste exceptionnel et asymptotique de la part d'un individu est plus probable pour un public – entendu au sens kantien – à savoir une communauté où peut s'instaurer une libre discussion. Pour bien comprendre la pensée de Kant, il faut:

1. Préciser que son originalité, par rapport à Descartes, est d'introduire le rôle fondamental de l'intersubjectivité.

2. Distinguer, dans la réappropriation du libre exercice de la pensée, deux aspects de l'intersubjectivité:

– celle qui se situe dans le cadre de l'éducation, donc dans une perspective descendante qui permet aux hommes éclairés d'instruire leurs concitoyens. Cette instruction ne consiste évidemment pas à leur faire accepter passivement un enseignement dogmatique mais à leur apprendre à penser par eux-mêmes. Ainsi certains tuteurs éclairés peuvent-ils devenir l'instrument de l'affranchissement individuel de la pensée, jusqu'à ce que leurs concitoyens soient devenus capables de se passer d'eux – ce qui est, à proprement parler, la véritable finalité de l'éducation. « Car il se trouvera toujours, y compris parmi les tuteurs attitrés du peuple, quelques individus pensant par eux-mêmes et qui, après avoir secoué le joug de la minorité, propageront autour d'eux l'esprit d'une appréciation raisonnable de la valeur et de la vocation propres de chaque homme à penser par soi-même » (*Qu'est-ce que les Lumières ?*);

– celle qui se situe dans le cadre de la communauté, à savoir l'émancipation publique où la discussion libre et transparente, en facilitant l'usage critique de la raison, permet à chacun de construire sa propre pensée. Car ce qui manque à l'affranchissement individuel, c'est bien la mise à l'épreuve de sa pensée par la pensée de l'autre : « Quelles seraient en effet l'ampleur et la justesse de notre pensée si nous ne pensions en commun avec d'autres qui nous font part de leurs pensées et auxquels nous communiquons les nôtres ? » (*Qu'est-ce que s'orienter ?*, Vrin, trad. A. Philonenko, p. 86).

Précisons bien que le rôle du public (au sens kantien) dans l'émancipation individuelle ne tire pas sa supériorité de son caractère collectif mais du fait qu'il favorise le libre usage public de la raison sous tous les rapports : non pas seulement un espace intersubjectif de confrontation des opinions mais le droit illimité de traduire devant le tribunal de la raison toute espèce de discours, d'écrit et de pratique. Ce qui oriente désormais notre réflexion vers la deuxième question, celle des différentes conditions qui rendent possible l'émancipation de la pensée individuelle.

III. 2. À quelles conditions le libre exercice de la pensée est-il possible ?

1. La première condition relève d'une véritable éthique de la pensée. Elle est résumée dans les trois Maximes du sens commun (*C.F.J.*, Vrin, pp. 127-128.) :

– Le courage de penser par soi-même.

– Se mettre à la place de tout autre, ce qui suppose l'obligation, pour chaque être raisonnable, de se décentrer par rapport à son point de vue subjectif, de faire preuve de bonne foi intellectuelle et d'impartialité. Précisons que, pour Kant, se mettre à la place de tout autre ne signifie pas se mettre à la place d'un autre, au sens empirique du terme (ou à la place de ce que pense la majorité), mais se confronter, sur le mode réflexif du libre jeu de l'imagination, avec un public fictif, la communauté des êtres raisonnables. Bref, la Deuxième Maxime nous prescrit de penser du point de vue de l'universel. On voit déjà l'extension qu'il faut donner à la notion de publicité qui, sous cet aspect, devient une exigence d'ordre éthique.

– Penser en accord avec soi-même. La raison nous dicte, en effet, de rester en accord avec les principes acceptés tacitement dans le cadre de l'institution, de se soumettre, par exemple, dans l'exercice de sa profession, aux règles que l'on a acceptées librement au départ (voir **Dossier**, Concepts clés p. 104.)

Cette éthique de la pensée est la condition nécessaire mais non suffisante de l'émancipation de la pensée.

2. Deuxième condition : la prise de conscience et la mise en œuvre de ces maximes dépendent étroitement de l'*Aufklärung*, mouvement historique global, processus collectif complexe, qui arrache progressivement les hommes à leur hétéronomie et qui est lié, selon Kant (voir *I.H.U.*) à la perfectibilité de la raison. La faculté de penser de chacun dépend ainsi du degré d'émancipation politique, culturelle et morale, infiniment variable selon les nations.

3. La troisième condition est l'ouverture d'un espace public de discussion, condition *sine qua non* de l'émancipation de la pensée individuelle et collective, espace public où les hommes éclairés peuvent instruire leurs concitoyens, mais où les citoyens, par la confrontation de leurs opinions, s'émancipent mutuellement. Cette troisième condition, l'ouverture d'un espace public, dépend évidemment de deux conditions politiques.

4. En effet la quatrième condition est l'impulsion accordée par le pouvoir politique à la liberté de la pensée et de l'expression qui en est indissociable. Il n'existe de libre exercice de la pensée que public ; on ne peut penser par soi-même que dans la mesure où on peut affirmer publiquement, dans la totale transparence, ce que l'on pense. On retrouve ici une exigence d'ordre éthique qui requiert le courage d'affirmer la vérité au grand jour. « On dit il est vrai que la liberté de parler ou d'écrire peut nous être ôtée par une puissance extérieure mais non pas la liberté de penser... On peut dire que cette puissance extérieure qui enlève aux hommes la liberté de communiquer publiquement leurs pensées leur ôte également la liberté de penser » (*Qu'est-ce que s'orienter ?*, p. 86).

– Si la liberté d'expression est la condition *sine qua non* de l'avènement des Lumières et de la possibilité accordée à chacun de penser par soi-même, c'est dans la mesure où cette liberté doit être correctement comprise : elle ne saurait mettre en cause l'obéissance civile. La liberté d'expression comporte donc des restrictions – apparemment contradictoires avec la notion de liberté –, aporie que Kant dépasse en distinguant l'usage public et l'usage privé de la raison.

5. La cinquième condition concerne la nature du régime politique. La forme la plus accomplie du politique est celle qui est en mesure de garantir la plus totale liberté d'expression dans le domaine public. Pour Kant, la république est la condition pour qu'existe une *res publica* où la liberté n'a plus pour seule finalité de servir le jeu des intérêts, mais où elle se constitue comme origine consciente et volontaire de la loi, capable de juger et de critiquer l'État. On ne peut qu'être sensible à la modernité de la réflexion kantienne que rejoint sur ce point la pensée contemporaine sur la démocratie comme libre espace public de discussion.

Autour de l'œuvre

▶▶ **1. Dans la perspective de l'émancipation individuelle, Kant énonce les trois maximes d'une éthique de la pensée**

▼

Les maximes suivantes du sens commun n'appartiennent pas à notre propos en tant que parties de la critique du goût ; néanmoins elles peuvent servir à l'explication de ses principes. Ce sont les maximes suivantes : 1. penser par soi-même ; 2. penser en se mettant à la place de tout autre ; 3. toujours penser en accord avec soi-même. La première maxime est la maxime de la pensée *sans préjugés*, la seconde maxime est celle de la pensée *élargie*, la troisième maxime est celle de la pensée *conséquente*. La première maxime est celle d'une raison qui n'est jamais *passive*. On appelle *préjugé* la tendance à la passivité et par conséquent à l'hétéronomie de la raison ; de tous les préjugés le plus grand est celui qui consiste à se représenter la nature comme n'étant pas soumise aux règles que l'entendement de par sa propre et essentielle loi lui donne pour fondement, et c'est la *superstition*. On nomme les *Lumières < Aufklärung >* la libération de la superstition ; en effet, bien que cette dénonciation convienne aussi à la libération des préjugés en général, la superstition doit être appelée de préférence *(in sensu eminenti)* un préjugé, puisque l'aveuglement en lequel elle plonge l'esprit, et bien plus qu'elle exige comme une obligation, montre d'une manière remarquable le besoin d'être guidé par d'autres et par conséquent l'état d'une raison passive. En ce qui concerne la seconde maxime de la pensée, nous sommes bien habitués par ailleurs à appeler étroit d'esprit (borné, le contraire d'élargi) celui dont les talents ne suffisent pas à un usage important (particulièrement à celui qui demande une grande force d'application). Il n'est pas en ceci question des facultés de la connaissance, mais de la *manière de penser* et de faire de la pensée un usage final ; et si petit selon l'extension et le degré que soit le champ couvert par les dons naturels *< die Naturgabe >* de l'homme, c'est là ce qui montre cependant un homme *esprit ouvert < von erweiterter Denhungsart >* que de pouvoir s'élever au-dessus des conditions subjectives du jugement, en lesquelles tant d'autres se cramponnent, et de pouvoir réfléchir sur son propre jugement à partir d'un *point de vue universel* (qu'il ne peut déterminer qu'en se plaçant au point de vue d'autrui). C'est la troisième maxime, celle de la manière de penser conséquente, qui est la plus difficile à mettre en œuvre ; on ne le peut qu'en liant les deux premières maximes et après avoir acquis une maîtrise rendue parfaite par un exercice répété. On peut dire que la première de ces maximes est la maxime de l'entendement, la seconde celle de la faculté de juger, la troisième celle de la raison.

Kant, *Critique de la faculté de juger*, § 40, Vrin, pp. 127-128.

▶▶ 2. Penser librement, c'est communiquer, rejeter l'autorité et chercher en soi-même la loi de la raison

Hommes de grand talent, vous qui avez des vues si larges ! J'honore votre talent, et j'affectionne votre sentiment de l'humanité. Mais avez-vous bien songé à ce que vous faites, et où la raison se verra entraînée par vos disputes ? Sans doute, vous désirez que la liberté de penser soit maintenue intacte : sans elle, en effet, c'en serait bientôt fini des libres élans de votre génie lui-même. Voyons ce qui doit naturellement suivre de cette liberté de penser, si le genre de méthode dont vous avez commencé de vous servir se généralise.

À la liberté de penser s'oppose, en premier lieu, la contrainte civile. On dit, il est vrai, que la liberté de parler ou d'écrire peut nous être ôtée par une puissance supérieure, mais non pas la liberté de penser. Mais penserions-nous beaucoup, et penserions-nous bien, si nous ne pensions pas pour ainsi dire en commun avec d'autres, qui nous font part de leurs pensées et auxquels nous communiquons les nôtres ? Aussi bien, l'on peut dire que cette puissance extérieure qui enlève aux hommes la liberté de communiquer publiquement leurs pensées, leur ôte également la liberté de penser – l'unique trésor qui nous reste encore en dépit de toutes les charges civiles et qui peut seul apporter un remède à tous les maux qui s'attachent à cette condition.

En second lieu, la liberté de penser est prise au sens où elle s'oppose à la contrainte exercée sur la conscience *(Gewissenszwang)*. C'est là ce qui se passe lorsqu'en matière de religion en dehors de toute contrainte externe, des citoyens se posent en tuteurs à l'égard d'autres citoyens et que, au lieu de donner des arguments, ils s'entendent, au moyen de formules de foi obligatoires et en inspirant la crainte poignante du danger d'une recherche personnelle, à bannir tout examen de la raison grâce à l'impression produite à temps sur les esprits.

En troisième lieu, la liberté de penser signifie que la raison ne se soumette à aucune autre loi que celle qu'elle se donne à elle-même. Et son contraire est la maxime d'un usage sans loi de la raison – afin, comme le génie en fait le rêve, de voir plus loin qu'en restant dans les limites de ses lois. Il s'ensuit comme naturelle conséquence que, si la raison ne veut point être soumise à la loi qu'elle se donne à elle-même, il faut qu'elle s'incline sous le joug des lois qu'un autre lui donne.

Kant, *Qu'est-ce que s'orienter dans la pensée ?*, Vrin, pp. 86-87.

▶▶ 3. L'esprit du siècle des Lumières

L'esprit des Lumières se caractérise :
– par la prise de conscience d'un mouvement puissant de la pensée dont on veut comprendre l'origine et la finalité pour en maîtriser le cours ;
– par un retour réflexif et critique de la pensée sur sa propre activité : ce qui lui permet de comprendre sa nature, son pouvoir et ses limites ;
– par la foi dans un progrès intellectuel qui n'est pas seulement d'ordre quantitatif – une simple extension du savoir – mais qui est le progrès de la raison elle-même.

▼

[...] l'invention et l'usage d'une nouvelle méthode de philosopher, l'espèce d'enthousiasme qui accompagne les découvertes, une certaine élévation d'idées que produit en nous le spectacle de l'univers ; toutes ces causes ont dû exciter dans les esprits une fermentation vive ; cette fermentation, agissant en tous sens par sa nature, s'est portée avec une espèce de violence sur tout ce qui s'est offert à elle, comme un fleuve qui a brisé ses digues [...].

Ainsi depuis les principes des sciences profanes jusqu'aux fondements de la révélation, depuis la Métaphysique jusqu'aux matières de goût, depuis la Musique jusqu'à la Morale, depuis les disputes scolastiques des Théologiens jusqu'aux objets du commerce, depuis les droits des Princes jusqu'à ceux des peuples, depuis la loi naturelle jusqu'aux lois arbitraires des Nations, en un mot depuis les questions qui nous touchent davantage jusqu'à celles qui nous intéressent le plus faiblement, tout a été discuté, analysé, agité du moins. Une nouvelle lumière sur quelques objets, une nouvelle obscurité sur plusieurs, a été le fruit ou la suite de cette effervescence générale des esprits ; comme l'effet du flux et du reflux de l'Océan est d'apporter sur le rivage quelques matières et d'en éloigner d'autres. (D'Alembert*, *Essai sur les éléments de philosophie ou sur les principes des connaissances humaines.*)

 L'homme qui tient ce langage est un des savants les plus considérables de son temps, l'un de ses porte-parole intellectuels. Ses propos nous donnent donc une idée de l'allure et de la direction de toute la vie intellectuelle de son époque. Or, l'époque où vit d'Alembert se sent saisie et portée par un mouvement puissant et, loin de s'abandonner à ce mouvement, elle tient à en comprendre l'origine et la destination. La connaissance de ses propres actes, la conscience de soi et la prévision intellectuelle, tel lui semble être le sens véritable de la pensée en général, telle est, croit-elle, la tâche essentielle que l'histoire lui impose. Ce n'est pas seulement que la pensée s'efforce vers des fins nouvelles, inconnues jusqu'alors, c'est qu'elle veut maintenant savoir où son cours l'entraîne, elle veut elle-même diriger son propre cours. Elle aborde le monde avec la joie nouvelle de découvrir et avec un nouvel esprit de découverte ; elle en attend tous les jours certes de nouvelles révélations. Pourtant sa soif de savoir, sa curiosité intellectuelle ne se portent pas seulement vers le monde. Elle se sent encore plus profondément saisie, plus passionnément émue par une autre question, celle de sa propre nature et de son propre pouvoir. Aussi ne cesse-t-elle de s'écarter du cours des découvertes destinées à élargir l'horizon de la réalité objective pour revenir à son origine. Le mot de Pope : *The proper study of mankind is man* exprime d'une formule brève et frappante le sentiment profond que le XVIIIe siècle a de lui-même. C'est une époque qui sent au fond d'elle-même une force neuve au travail et qui, pourtant, est moins fascinée par les *créations* inlassables de cette force que par son *mode d'action*. Non contente de jouir des résultats, elle explore la forme de cette activité productrice pour tenter d'en rendre compte. C'est en ce sens que se pose, pour l'ensemble du XVIIIe siècle, le problème du « progrès » intellectuel. Il n'est guère de siècle qui ait été aussi intimement pénétré et enthousiasmé de l'idée du progrès intellectuel que le siècle des Lumières. On se méprendrait toutefois sur le sens profond de cette idée, si l'on prenait « progrès » en un sens *quantitatif,* comme une simple *extension* du savoir, comme un *progressus in indefinitum* […]. Toutes les énergies de l'esprit restent liées à un centre moteur commun. La diversité, la variété des formes n'est que le développement, le déploiement d'une force créatrice unique, de nature homogène. Lorsque le XVIIIe siècle veut *désigner* cette force, faire tenir en un mot sa nature, il recourt au nom de « raison ».

E. Cassirer, *La Philosophie des Lumières*,
Fayard, pp. 40-41.

Glossaire des notions

▶▶ **anthropologie**

Répond essentiellement à la question : Qu'est-ce que l'homme ? Cette discipline vise à explorer d'un point de vue pragmatique « ce que l'homme, être libre de ses actes, fait ou peut et doit faire de lui-même » (*Anthr.*, Vrin, p. 11).

▶▶ *a priori*

1. Antérieur à l'expérience.
2. Ce qui appartient à la structure de notre faculté de connaître, et qui est donc radicalement indépendant de toute origine sensible.
3. Condition de possibilité de l'expérience.

▶▶ **autonomie**

Conformément à l'étymologie, pouvoir qu'a la volonté de se déterminer en se donnant à elle-même sa loi. Le concept kantien d'*autonomie*, inspiré de la volonté générale de Rousseau, est le caractère de la volonté qui se détermine en vertu de sa propre essence, c'est-à-dire qui ne se soumet qu'au commandement de la raison pratique, indépendamment de tout mobile sensible. L'autonomie est donc la liberté d'un être en tant qu'être raisonnable (*FMM.*, 2e Section, Delagrave, pp. 148, 170 ; *C.R.Pr.*, PUF, p. 34).

▶▶ **bonheur**

« Le bonheur est un idéal non de la raison mais de l'imagination, fondé uniquement sur des principes empiriques » (*F.M.M.*, 2e Section, Delagrave, p. 133 ; *cf.* également : *C.F.J.*, § 83, Vrin, p. 240).

▶▶ **bonne volonté**

Pureté de l'intention morale, qui se détermine indépendamment de tout mobile sensible, par pur respect de la loi morale. « Ce qui fait que la bonne volonté est telle, ce ne sont pas ses œuvres ou ses *succès*, ce n'est pas son aptitude à atteindre tel ou tel but proposé, c'est seulement le vouloir, c'est-à-dire que c'est en soi qu'elle est bonne » (*F.M.M.*, 1re Section, Delagrave, p. 89).

▶▶ **citoyen**

Membre d'une société civile, « c'est-à-dire d'un État s'unissant en vue de la législation […]. »
Les attributs des citoyens sont : la *liberté* légale, c'est-à-dire la faculté de n'obéir à d'autre loi qu'à celle qu'ils ont consentie ; l'*égalité* civile, qui consiste à ne reconnaître dans le peuple d'autre supérieur que celui à qui on a la faculté morale d'imposer une obligation juridique, en même temps qu'il a lui-même celle d'obliger les autres ; enfin, l'*indépendance* civile, qui consiste à ne devoir son existence et sa conservation qu'à ses propres droits et à ses propres forces, comme membre de l'État, et non à la volonté d'un autre (*Droit*, 2e Partie, § 46, Vrin, p. 169).

▶▶ **citoyen du monde**

Voir cosmopolitisme.

▶▶ **civilisation**

Maîtrise des penchants sous la contrainte sociale et juridique qui permet de s'élever de la rudesse et de la grossièreté de l'homme naturel à l'univers de la bienséance et de la politesse, autrement dit de la morale extérieure (Kant, *Éducation*, Vrin, p. 82).

▶ ▶ **constitution civile**

Organisation de la société naturelle selon le droit. Rapports des hommes libres qui se soumettent à des lois communes de contrainte garantissant leur liberté. Pour Kant, la constitution civile, comme le droit, est exigée comme un « commandement absolu de la raison pratique ». L'état civil se situe dans un ordre que l'on pourrait appeler éthico-politique *(Droit*, Vrin, pp. 131-140, p. 257).

▶ ▶ **cosmopolitisme**

Ne peut être assimilé au fait de n'appartenir à aucun État à la façon stoïcienne, qui refuse l'asservissement aux préjugés et aux coutumes d'un pays. Ce n'est pas davantage le fruit des échanges politiques et culturels dans le monde, pas plus que l'exigence d'une confédération juridique entre les peuples pour établir un état de paix permanent.
Le cosmopolitisme est un principe politique et moral qui détermine l'intérêt porté à tout ce qui se passe de juste ou d'injuste dans le monde, à tout ce qui touche à la liberté des peuples, bref au respect des droits de l'homme. C'est la conscience d'appartenir solidairement, en tant que citoyen du monde, à une république idéale d'êtres raisonnables, et le sentiment d'obligation de contribuer à la réalisation de l'humanité *(P.P.P.*, Nathan, « Intégrales de Philo », p. 29).

▶ ▶ **cosmos**

Le monde, en tant que l'homme peut y exercer sa citoyenneté. C'est également le lieu de la destination morale de l'homme.

▶ ▶ **criticisme**

Ne désigne pas pour Kant une philosophie particulière, mais un moment dans l'histoire de la raison pure (venant après le dogmatisme et le scepticisme), celui de l'autocritique de la raison. Le criticisme se fixe pour objet l'examen des pouvoirs et limites de la raison afin d'assurer celle-ci dans ses prétentions légitimes et de dénoncer son usage illégitime (*C.R.P.*).

▶ ▶ **critique**

1. Entreprise qui soumet « au libre examen de la raison » toute espèce de connaissance et de pratique.
2. Disposition méthodique qui ne vise pas l'extension de nos connaissances mais leur justification. Elle analyse nos facultés de connaître afin de fonder une théorie de la connaissance.
3. La critique dénonce les illusions métaphysiques de la raison lorsque celle-ci dépasse les limites de l'expérience (*C.R.P.*, Préface 1re éd.).

▶ ▶ **culture**

Désigne :
1. Le développement des germes qui sommeillent en l'homme. Ce développement pour Kant est forcé : c'est pourquoi il n'a pas pour modèle l'épigenèse mais l'éducation.
2. « Aptitude d'un être raisonnable à se proposer toutes les fins qu'il voudra » (*C.F.J.*, § 83).
3. L'étape culturelle de la civilisation, c'est-à-dire le développement

des facultés rationnelles de l'homme par les « sciences et les arts ».
4. Enfin, culture désigne spécifiquement, chez Kant, « la destination du genre humain ». C'est le terme de *culture*, plutôt que celui de *civilisation*, que Kant privilégie lorsqu'il veut parler de la destination morale de l'homme (*I.H.U.*, Septième Proposition et *C.F.J.*, § 83).

▶▶ despotisme
Forme de gouvernement où « le chef de l'État exécute arbitrairement les lois qu'il s'est données à lui-même et où […] il substitue sa volonté particulière à la volonté publique ». « C'est la puissance suprême d'un seul » (*P.P.P.*, Nathan, « Intégrales de Philo », p. 21).

▶▶ destination
La destination de l'homme n'est pas pour Kant le bien-être ni le bonheur ; elle ne consiste pas à suivre ses inclinations, mais elle est d'ordre moral : c'est la finalité de tout être raisonnable et libre, qui doit se rendre digne du bonheur par l'accomplissement de la loi morale.

▶▶ devoir
Nécessité d'accomplir l'action par pur respect pour la loi morale. Il faut distinguer l'acte accompli *par devoir* de l'acte simplement *conforme au devoir* qui peut être motivé par des intérêts particuliers et étrangers à la pure moralité (*F.M.M.*, 1re Section, Delagrave, p. 100).

▶▶ dignité
Attribut essentiel de la personne humaine qui lui confère non un simple prix mais une valeur intrinsèque. La dignité de la personne repose :
1. sur son autonomie, à savoir qu'elle se donne à elle-même sa propre loi qui est celle de la raison ;
2. sur le fait qu'en tant que législatrice et sujet de la loi morale, elle doit être considérée comme une fin en soi (*F.M.M.*, 2e Section, p. 161).

▶▶ dogmatisme
1. Prétention de connaître le suprasensible sans recours à l'expérience, par la seule raison, sans avoir au préalable établi la légitimité de cette prétention. S'oppose au criticisme (*C.R.P.*, Préface 2e édition, PUF, p. 26).
2. État d'hétéronomie de la raison qui adhère à des dogmes religieux et métaphysiques, sans examen critique préalable (*Lumières*, *C.F.J.*, § 40).

▶▶ droit
« Le droit est la limitation de la liberté de chacun à la condition de son accord à la liberté de tous en tant que celle-ci est possible selon une loi universelle » (*T.P.*, 2e Partie).
Le droit n'exige que la conformité de l'action extérieure à la loi « en admettant un autre mobile que l'idée du devoir elle-même » (*Vertu*, Introduction, § 3).

▶▶ empirique
Ce qui est issu de l'expérience sensible (perception) ou de l'expérience en tant qu'elle est informée par les catégories de l'entendement.

▶▶ enthousiasme
(*Schwärmerei*) : « Illusion qui consiste à voir quelque chose par-

delà toutes les limites de la sensibilité » (*C.F.J.*).

Sous ce terme, Kant met la rêverie exaltée, l'illuminisme, la divagation mystique, toutes les formes de prétention de l'irrationalisme à tirer de l'émotion un savoir.

▶ ▶ état de nature

Désigne la situation hypothétique et fictive de l'homme n'ayant pas accédé à l'organisation sociale. « On appelle état de nature (*status naturalis*) l'état qui n'est pas juridique, c'est-à-dire celui en lequel il n'y a pas de justice distributive. L'état qui lui est opposé est l'état civil (*status civilis*) d'une société qui est soumise à une justice distributive » (*Droit*, 1re partie, p. 188).

▶ ▶ éthique

« Système des fins de la raison pure pratique » (*Vertu*, Introduction, § 1).

▶ ▶ fil conducteur

Le fil conducteur indique le point de vue de Kant sur l'histoire, à savoir celui du développement final des dispositions humaines selon un dessein de la nature. Il s'agit d'un principe régulateur et non constitutif, c'est-à-dire non générateur d'une vérité objective. Il a donc le statut d'une hypothèse raisonnablement fondée. Il faut le comprendre :
1. Comme une exigence *a priori* de la raison pure, principe de l'intelligibilité rationnelle de l'histoire (*C.F.J.*, § 67).
2. En tant que tracé dont la limite asymptotique est l'humanité, il est l'indication d'une tâche infinie à accomplir pour la raison pratique.
3. Enfin le fil conducteur de l'histoire réelle (*Historie*), idée d'un devenir sensé de l'espèce humaine, doit être en même temps le fil conducteur que le philosophe propose à l'historien pour la rédaction de l'histoire (*Geschichte*).

▶ ▶ fin

« Ce qui sert à la volonté de principe objectif pour se déterminer elle-même » (*F.M.M.*, 2e Section).

▶ ▶ finalité

Principe « des causes finales », selon lequel, dans la nature, « rien n'est vain ». C'est un principe de la raison et non une catégorie de l'entendement, qui sert de fil conducteur pour élargir notre connaissance de la nature et la penser comme totalité, sans nuire toutefois au mécanisme. « Il va de soi que ce principe n'est pas un principe pour la faculté de juger déterminante, mais seulement pour la faculté de juger réfléchissante » (*C.F.J.*, § 67).

Kant distingue la *finalité externe*, « ce par quoi une chose de la nature sert à une autre de moyen en vue d'une fin » (*C.F.J.*, § 82), de la *finalité interne*, celle du vivant : « Un produit organisé de la nature est un produit où tout est fin et moyen réciproquement ; en lui rien d'inutile, sans but ou dû à un aveugle mécanisme naturel » (*C.F.J.*, § 66).

▶ ▶ fin dernière

Comme être de raison susceptible de se proposer des fins, l'homme est la fin dernière de la nature ; « seigneur de la nature » régnant sur elle comme sur un empire, il n'est encore qu'un être de la nature ; son empire technique et scientifique ne confère pas encore de sens à la création (*C.F.J.*, § 83).

▶ ▶ **fin en soi, fin ultime**
En tant que législateur et sujet de la loi morale, l'homme a une valeur absolue et ne doit pas être traité comme un moyen mais comme une fin en soi (*F.M.M.*, 2ᵉ Section). Seul l'homme, considéré comme noumène (être intelligible) est fin en soi. Il est fin ultime à laquelle la nature entière est subordonnée car, en tant que législateur de la moralité, il est seul capable de donner un sens à la création (*C.F.J.*, § 84).

▶ ▶ **finitude**
Conscience de la distance irréductible qui sépare l'homme de l'absolu, l'être du devoir-être. La finitude pour Kant est liée à la dualité chez l'homme entre nature et liberté : en tant qu'être sensible, l'homme ne peut ressentir que comme un devoir et une prescription la loi de la liberté dont il est l'auteur.

▶ ▶ **gouvernement**
Façon dont l'État fait usage de son pouvoir. Pour Kant, il n'y a que deux formes de gouvernement : républicain et despotique. « Le républicanisme est le principe politique qui admet la séparation du pouvoir exécutif (gouvernement) et du pouvoir législatif ; le despotisme exécute de sa propre autorité les lois qu'il a édictées de lui-même ; c'est donc la volonté générale en tant qu'exercée par le souverain comme sa volonté privée » (*P.P.P.*).

▶ ▶ **hétéronomie**
Le terme qualifie :
1. L'état de la volonté qui n'est pas déterminée par la seule loi morale issue de la raison, mais par des principes qui la font dépendre d'objets extérieurs. Elle est le plus souvent synonyme de dépendance à l'égard des mobiles sensibles (*F.M.M.*, 2ᵉ Section, Vrin, p. 121).
2. L'état de la raison passive qui se laisse guider par autrui ; l'hétéronomie définit ainsi l'immaturité de l'homme : l'état de minorité (*Lumières* et *C.F.J.*, § 40).

▶ ▶ **histoire universelle**
Ce n'est pas le devenir empirique des individus, des groupes et des peuples mais une idée de la raison, celle d'un progrès de l'espèce humaine tout entière se constituant en système, c'est-à-dire en totalité organique dont tous les membres sont solidaires.

▶ ▶ **humanité**
– *Menschlichkeit* : sentiment de bienveillance de l'homme pour l'homme.
– *Menscheit* :
1. Forme sous laquelle la nature raisonnable nous est donnée.
2. L'humanité ne se confond pas avec le concept empirique d'espèce naturelle, car l'humanité n'est pas donnée concrètement et empiriquement. Ce n'est pas non plus l'unité logique du concept d'homme, à savoir l'essence de l'homme que possède chaque individu, car l'homme est inachevé et ne peut se réaliser dans tel ou tel individu, mais seulement dans l'espèce tout entière.

3. C'est une idée par excellence, c'est-à-dire une idée régulatrice au sens kantien, et plus précisément une idée de la raison pratique, une tâche à accomplir. L'humanité est ainsi une totalité organique dont les membres sont solidaires et au progrès de laquelle tous doivent coopérer. En fin de compte, nous pensons l'humanité comme un unique peuple de citoyens du monde, tous réalisant en commun, de génération en génération, une même tâche éthico-juridique, où république idéale et règne des fins se confondent dans une même visée.

▶ ▶ **idée**

« J'entends par *idée* un concept rationnel nécessaire auquel nul objet qui lui corresponde ne peut être donné dans l'essence » (*C.R.P.*, « Dialectique transcendantale », PUF, p. 270).
« Une idée n'est rien d'autre que le concept d'une perfection qui ne s'est pas encore rencontrée dans l'expérience » (*Éducation*).
1. L'idée est un maximum. Exigence d'inconditionné, exprimant la totalité de l'expérience, elle n'est pas autre chose que le concept de l'entendement poussé jusqu'à ses limites.
2. L'inconditionné qu'elle contient, l'idée d'un savoir infini qui dépasse toute expérience possible, n'est pas à connaître mais à réaliser. L'idée est donc un principe pratique, principe de notre action morale dans le monde.
3. Indication d'un progrès infini à accomplir, d'une limite asymptotique dont on ne peut que s'approcher, elle est donc objet d'espérance et de foi.

▶ ▶ **jugement déterminant/ jugement réfléchissant**

« Le jugement, en général, est la faculté de penser le particulier comme contenu dans le général. Si le général (règle, principe, loi) est donné, le jugement qui y subsume le particulier […] est déterminant. Si le particulier seul est donné et si le jugement doit trouver le général, il est […] réfléchissant » (*C.F.J.*, Introduction, § 4, Vrin, p. 20).

▶ ▶ **liberté**

1. Indépendance de la volonté par rapport à la contrainte des mobiles sensibles, mais également des lois naturelles (*freie Willkür*) [Droit ; *C.R.Pr.*].
2. Autonomie ou liberté morale : pouvoir qu'a la volonté de se déterminer par la seule raison pratique, autrement dit par la loi morale. Kant condense ces deux définitions en une formule synthétique : « On pourrait définir la liberté pratique comme l'indépendance de la volonté à l'égard de tout autre genre de loi que la loi morale » (*C.R.Pr.*, *F.M.M.*, 2ᵉ Section, Delagrave, p. 170).

▶ ▶ **loi morale**

« La raison est pratique par elle-même et donne [à l'homme] une loi universelle que nous nommons la loi morale » (*C.R.Pr.*, livre II, chap. 1, § 7).

▶ ▶ **mal radical**

Kant définit le mal radical comme découlant de la finitude originelle de la nature humaine. C'est l'option du moi intelligible avant toute expérience, en faveur de la sensibilité, le choix original des passions contre la raison. Le caractère mauvais de l'homme ne réside ni dans sa sensibilité proprement dite, ni dans la dépravation de sa raison. Il ne résulte donc pas de sa nature mais de sa liberté. Le mal est la possibilité même de choisir le mal.

▸▸ **métaphysique**
Connaissance par pur concept, sans référence à une intuition sensible. « Terrain où se livrent ces combats sans fin de la raison, lorsque celle-ci s'aventure hors des strictes limites de l'expérience, pour atteindre le suprasensible » (*C.R.P.*, Préface 1re éd., PUF, p. 5 *sq.*).

▸▸ **millénarisme**
Du grec *chiliasme*, « mille » ; terme d'origine religieuse. L'Apocalypse parle du jugement par lequel le Christ accorde une première résurrection aux morts qui ont mérité leur salut : « Ils reprirent vie et régnèrent avec le Christ mille années. Les autres morts ne purent reprendre vie avant l'achèvement des mille années. » (Apocalypse, XX, 1, 15). Le terme se laïcise aux XVIIIe et XIXe siècles avec les philosophies de l'histoire, et désigne toute croyance en une ère nouvelle, apportant aux hommes le plus parfait bonheur et la plus grande liberté.

▸▸ **monde**
1. Le monde, au sens transcendantal, c'est-à-dire en tant que concept général de tous les phénomènes ne faisant qu'un avec la totalité de la nature, est une idée régulatrice de la raison et se distingue de l'univers phénoménal, seul connaissable (voir l'idée cosmologique, *C.R.P.*)
2. Du point de vue pratique et dans le contexte de la philosophie de l'histoire, le monde est le lieu où l'espèce humaine réalise sa destination morale. L'idée de monde vise le maximum de coexistence entre les hommes et en dernier lieu la communauté des êtres raisonnables (*C.R.P.*, PUF, p. 545).
3. Le monde dont il est question dans *Qu'est-ce que les Lumières ?* désigne bien sûr le public lettré mais surtout, de façon plus large, le public universel de tous les lecteurs qui font usage de leur raison. Ce sens de *monde* rejoint le concept de cosmopolitisme.

▸▸ **nature**
1. Ensemble des phénomènes qui sont objets d'expérience. « Par nature (au sens empirique), nous entendons l'enchaînement des phénomènes quant à leur existence suivant des règles nécessaires, c'est-à-dire suivant des lois. Il y a donc certaines lois, et même des lois *a priori*, qui rendent tout d'abord possible une nature » (*C.R.P.*, « Analytique Transcendantale », PUF, p. 198).
2. La nature d'une chose est ce qui rend cette chose conforme à sa nature ; elle est cause finale. La nature d'une chose est alors la fin en fonction de laquelle une chose se développe naturellement.
3. Nature, dessein de la nature, Providence, sont synonymes de finalité naturelle. Il s'agit d'un usage simplement analogique de l'intentionnalité et les différents termes employés pour « finalité naturelle » ne doivent pas surdéterminer la notion : il suffit du terme *nature* plus modeste que [celui] de Providence, pour indi-

quer un besoin théorique et non transcendant de la finalité (*P.P.P.*, Nathan, « Intégrales de Philo », p. 31).

▶▶ **pathologique**
Du grec *pathos*, « affection » « passion ». Kant désigne ainsi les impulsions et les inclinations sensibles, en tant qu'elles sont subies passivement et ne procèdent pas de la volonté.

▶▶ **postulats de la raison pratique**
« Ces postulats ne sont pas des dogmes théoriques mais des hypothèses, dans un point de vue nécessairement pratique. Ils n'élargissent donc pas la connaissance spéculative, mais ils donnent aux idées de la raison spéculative en général [...] de la réalité objective. » Ces postulats requis par l'existence de la loi morale sont ceux de l'immortalité, de la liberté et de l'existence de Dieu (*C.R.Pr.*).

▶▶ **pragmatique**
Qui concerne le succès de l'action et relève des impératifs de la prudence et de l'habileté ; correspond au sens ordinaire de *pratique*, mais s'oppose au sens kantien de *praktisch* (moral) [*C.R.P.*, Théorie transcendantale de la méthode, PUF, p. 544].

▶▶ **principes pratiques**
« Des principes pratiques sont des propositions renfermant une détermination générale de la volonté, à laquelle sont subordonnées plusieurs règles pratiques. Ils sont subjectifs et forment des maximes quand la condition est considérée par le sujet comme valable seulement pour sa volonté ; mais ils sont objectifs et fournissent les lois pratiques, quand la condition est reconnue comme objective, c'est-à-dire comme valable pour la volonté de tout être raisonnable » (*C.R.Pr.*, PUF, p. 17).

▶▶ **progrès**
Le progrès est l'idée centrale des Lumières, indissociable du rationalisme scientifique. Chez Kant :
1. Le *progrès cumulatif*, bilan des conquêtes de l'histoire, est le fruit de la raison technicienne qui maîtrise la nature par les sciences et les techniques. Un tel progrès peut être constaté objectivement sous la forme d'un accroissement quantitatif.
2. Le *progrès éthico-politique* n'est pas un concept auquel pourrait correspondre une intuition sensible, mais une idée de la raison :
– une idée régulatrice, fil conducteur pour une intelligibilité rationnelle de l'histoire, inscrite dans le dessein de la nature. Ce progrès est conçu comme perfectionnement continu des institutions politiques vers la réalisation d'un État cosmopolitique universel ;
– une idée de la raison pratique ; le but ultime du progrès étant la destination morale de l'homme, l'idée de progrès est en même temps un impératif catégorique, un devoir de l'homme d'agir dans le monde historique sur la postérité pour qu'elle s'améliore toujours ;
– un objet de foi et d'espérance postulé par la raison pratique : foi dans la réalisation de l'humanité, fondant un optimisme raisonnable qui ouvre une perspective consolante sur l'avenir de notre espèce.

prudence

Klugheit : sagesse pragmatique qui consiste dans « l'habileté dans le choix des moyens qui conduisent au plus grand bien-être » (*F.M.M.*, 2ᵉ Section).

raison

Il faut considérer :
1. La *raison* au sens d'intelligence technicienne, qui choisit entre les fins et calcule les moyens appropriés.
2. La *raison pure théorique* qu'il faut distinguer de l'entendement en ce qu'elle vise l'unité la plus haute des phénomènes. « Si nous disons de l'entendement qu'il est le pouvoir de ramener les phénomènes à l'unité au moyen des règles, il faut dire de la raison qu'elle est la faculté de ramener à l'unité des règles de l'entendement au moyen des principes. Elle ne se rapporte donc jamais immédiatement ni à l'expérience ni à un objet quelconque, mais à l'entendement » (*C.R.P.*, PUF, pp. 255-256).
3. La *raison pure pratique*, qui détermine la volonté par elle-même, indépendamment de tout mobile empirique. En tant qu'elle est pratique, elle est originairement législatrice et capable de donner des lois à la liberté (*C.R.Pr.*, PUF, p. 41).

réflexion, activité réfléchissante

Il faut distinguer la réflexion au sens de :
1. Retour de la pensée sur ses propres opérations, connaissance que la raison prend de ses actes. « La réflexion ne s'occupe pas des objets mêmes pour en acquérir directement des concepts, mais elle est l'état d'esprit où nous nous préparons d'abord à découvrir les conditions subjectives qui nous permettent d'arriver à des concepts » (*C.R.P.*, « Analytique Transcendantale », livre 2, PUF, p. 232).
2. Activité réfléchissante : celle-ci réside dans le libre jeu des facultés d'imagination et d'entendement. Lorsque l'imagination n'est pas contrainte par l'entendement à schématiser, c'est-à-dire à procurer à un concept son image, elle schématise sans concept, et bien que l'universel ne soit pas donné avant l'activité réfléchissante (voir jugement réfléchissant), il est présent comme horizon. Il n'est pas donné comme concept mais comme idée, principe régulateur, fil conducteur. Ainsi l'imagination est d'autant plus libre que le concept est illimité et indéterminé. L'esprit réfléchit lorsque, imaginairement, en idée, il opère librement des variations imaginatives et adapte, sans se fixer sur aucun, des points de vue successifs et simultanés (*C.F.J.*, Vrin, p. 219).

règne des fins

« J'entends par "règne", la liaison systématique des divers êtres raisonnables réunis par des lois communes. » Et le règne des fins est cette république morale idéale, où les êtres raisonnables sont à la fois législateurs et sujets de la loi morale. En tant que tels, ils ne doivent jamais se traiter eux-mêmes ni les uns les autres en tant que moyens mais toujours comme fins en soi (*F.M.M.*, 2ᵉ Section, Delagrave, pp. 158-160).

▶▶ républicanisme, république

C'est « une constitution consistant dans la plus grande liberté humaine conforme à des lois qui permettent à la liberté de chacun de coexister avec celle des autres » (*C.R.P.*, PUF, p. 264).

Par opposition au despotisme, où règne l'arbitraire d'une volonté particulière, la république est d'abord le gouvernement de la loi : « Telle est la seule constitution permanente, celle en laquelle la loi commande par elle-même et ne dépend d'aucune personne particulière. » Le républicanisme est un « système représentatif » qui présuppose donc le « principe politique de la séparation du pouvoir exécutif et du pouvoir législatif » (*P.P.P.*, Nathan, « Intégrales de Philo », p. 21). La république peut présenter les trois formes de la souveraineté : aussi peut-il y avoir une république aristocratique, monarchique et démocratique.

▶▶ schème transcendantal

L'entendement et la sensibilité étant des facultés totalement hétérogènes, « il est clair qu'il doit y avoir un troisième terme qui soit homogène, d'un côté à la catégorie, de l'autre au phénomène : cette représentation intermédiaire doit être pure (sans aucun élément empirique) et cependant il faut qu'elle soit d'un côté intellectuelle et de l'autre sensible, tel est le schème transcendantal » (*C.R.P.*, PUF, p. 151). Le *schème*, produit de l'imagination transcendantale, n'est pas une simple image, mais la représentation d'une méthode de construction pour permettre l'application des catégories aux intuitions sensibles.

Dans le contexte historique, on peut dire que le travail est *schème* en tant qu'il opère la synthèse des productions historiques en les rapportant à l'humanité.

▶▶ système

Dans le contexte des *Opuscules sur l'histoire* de Kant, la notion de *système* ne désigne plus un concept théorique ou scientifique, c'est-à-dire l'unité synthétique d'une diversité donnée. L'idée qui sert de principe à la pensée du système de l'humanité, empruntée à la téléologie naturelle, est celle d'un être organisé, dont chaque partie est en même temps moyen et fin pour le tout. La notion de *système*, qu'elle désigne l'être vivant, le monde comme totalité, l'humanité dans son ensemble, est donc synonyme d'« organisation ». Les deux premières propositions de l'*I.H.U.* se donnent bien comme principe de systématicité un modèle organique.

▶▶ téléologie

Prise en considération du principe de finalité dans l'explication des phénomènes. Kant, dans la *C.R.P.*, privilégie la causalité comme principe constitutif seul susceptible d'engendrer des connaissances objectives. Mais il légitime le principe de finalité dans la *C.F.J.*, en tant que principe régulateur, relevant du jugement réfléchissant (*C.F.J.*).

▶▶ tout moral

Tout : totalité organique pensée selon l'analogie empruntée à la téléologie naturelle des êtres organisés, dont chaque partie est à la fois moyen et fin pour l'ensemble. Le « tout moral » est une idée de la raison pratique comme l'idée d'une communauté d'êtres libres et raisonnables, au progrès de laquelle tous doivent coopérer.

▶ ▶ **vertu**

« La vertu est [...] la force morale de la volonté d'un homme dans l'accomplissement de son devoir » (*Vertu*, Vrin, p. 77).

« La vertu est ce qui nous rend dignes d'être heureux » (*C.R.Pr.*, p. 120).

▶ ▶ **volonté**

Pouvoir propre à l'homme, créature raisonnable, de se déterminer à agir selon la représentation de fins, et en choisissant des moyens nécessaires à leur réalisation (*Willkür*). Ce même pouvoir, en tant qu'il se qualifie moralement *(Wille)*, est la volonté rationnelle ou pratique (*Droit* ; *C.R.Pr.*).

Index des auteurs et noms propres cités

▶▶ **ALEMBERT Jean d' (1717-1783)**
Bien connu de Kant qui se réfère souvent à son *Discours préliminaire de l'Encyclopédie*.

▶▶ **AUGUSTIN saint (354-430)**
D'abord manichéen, puis plotinien, enfin évêque d'Hippone (actuelle Tunisie). Auteur de *La Cité de Dieu*, et surtout des *Confessions* où il crée l'image, plus tard reprise par Luther, de l'homme « courbe ».

▶▶ **BERGERS D'ARCADIE**
Note de Charles de Villers, à sa traduction de l'opuscule : « L'Arcadie était une contrée montagneuse située au centre du Péloponnèse, et qui d'aucun côté n'atteignait à la mer. Ses peuples, privés de ce grand moyen de commerce et de communication, étaient demeurés plus stupides, plus ignorants et plus adonnés que les autres à la vie pastorale. […] [Ce] prétendu âge d'or eût réduit notre espèce à la condition, à la faiblesse et aux jouissances des bêtes. »

▶▶ **BOSSUET Jacques Bénigne (1627-1704)**
Évêque, théologien et écrivain français, défenseur de la monarchie de droit divin. Auteur du *Discours sur l'histoire universelle* et de célèbres *Sermons* (1681).

▶▶ **BUFFON G.L. (1707-1788)**
Naturaliste et écrivain français, auteur de *L'Histoire naturelle* (1749-1789). Kant était familier de son œuvre où l'on trouve les premières tables statistiques.

▶▶ **BURKE Edmund (1729-1797)**
Littérateur anglais auteur des *Réflexions sur la Révolution de France* (1790) où il rejette tout universalisme de la raison, du droit et de la loi au nom du naturel et du traditionnel, de la singularité des personnes et des situations. Pessimiste en politique, il prend pour cible toutes les idées du *Contrat social* et le progressisme des « philosophes parisiens ».

▶▶ **FICHTE Johann Gottlieb (1762-1814)**
Philosophe allemand, disciple de Kant et l'un de ses plus puissants critiques. Auteur (selon Luc Ferry et Alexis Philonenko) de la seule philosophie de l'histoire compatible avec les principes pratiques kantiens. Son but fut de préserver la portée révolutionnaire du criticisme kantien en supprimant la chose-en-soi qui freine l'autonomie de la volonté. Dans les *Considérations* sur *La Révolution française* (1793), il répond aux critiques de Burke et de Rehberg.

▶▶ **FRÉDÉRIC II (1712-1786)**
Roi de Prusse de 1740 à 1786. L'un des « princes éclairés », dit le « philosophe couronné ». Il défendit les intellectuels et laissa une œuvre littéraire et politique (*L'Anti-Machiavel*).

▶▶ **HAMANN Johann Georg (1730-1788)**

Il vécut, comme Kant, à Königsberg. Tenant de l'irrationalisme, il se complaît dans une religiosité de l'inconscient et des forces obscures. Il eut sur Herder une grande influence, mais représenta aux yeux de Kant l'illustration même du spiritualisme fumeux (*Schwärmerei*). Dans *Golgotha et Scheblimini* (1784), répondant à la *Jérusalem* de Mendelssohn, il défend la révélation contre la raison des Lumières, au nom d'un mixte de sensualisme, de piétisme et d'illuminisme.

▶▶ **HEGEL G. Wilhelm Friedrich (1770-1831)**

Philosophe allemand, auteur de *La Phénoménologie de l'Esprit* (1806), de l'*Encyclopédie des sciences philosophiques* (1817), des *Principes de la philosophie du droit* (1821) et des *Leçons sur la philosophie de l'histoire* (1837). Il fit la critique la plus approfondie du dualisme kantien entre l'être et le devoir être, et de l'*Aufklärung*.

▶▶ **HERDER J. Gottfried von (1744-1803)**

Philosophe et littérateur allemand, auteur des deux ouvrages de philosophie de l'histoire critiqués par Kant. Initiateur du *Sturm und Drang* lors de sa rencontre avec le jeune Goethe en 1770. Sa croyance en un « génie des peuples » l'a conduit, le premier, à faire du folklore un objet d'intérêt et de recherches, dont son recueil de chants primitifs de tous les pays (*Stimmen der Völker*, « Voix des peuples dans leurs chants »), est le premier monument.

▶▶ **HOBBES Thomas (1588-1679)**

Philosophe anglais, auteur d'ouvrages de philosophie politique : *Le Citoyen* (*De cive*) [1642], *Léviathan* (1650). Il est le théoricien de l'absolutisme. Kant le critique pour avoir fait du bonheur le principe du politique (*Théorie et pratique*, « contre Hobbes »).

▶▶ **HÖLDERLIN Friedrich (1770-1843)**

Poète allemand, condisciple de Hegel au séminaire de Tübingen.

▶▶ **HUME David (1711-1776)**

Philosophe anglais dont Kant dit qu'il le réveilla du « sommeil dogmatique » que constituait son adhésion à la métaphysique classique. Auteur du *Traité de la nature humaine* (1739). Kant apprécia son œuvre historique, morale et politique alors qu'elle n'était encore que peu connue : *Histoire d'Angleterre* (1754-62), *Essais moraux, politiques et littéraires* (1741-1777), *Enquête sur les principes de la morale* (1751).

▶▶ **JACOBI Friedrich Heinrich (1743-1819)**

Aux généralités abstraites des « Lumières », et au rationalisme kantien en particulier, il oppose l'irrationalisme de la foi et du sentiment. Kant s'adresse à lui – et à Hamann – dans *Qu'est-ce que s'orienter dans la pensée ?*

▶▶ **LESSING Gotthold Ephraïm (1729-1781)**

Écrivain et dramaturge allemand (*Nathan le Sage*), ami de Mendelssohn. Il pense que les « voiles » de la religion révélée n'ont qu'une fonction éducative et sont destinés à se transformer en vérités de raison. Tel est le thème de l'*Éducation du genre humain* (1780).

▶ ▶ **MANDEVILLE Bernard de (1670-1733)**

Célèbre médecin anglais, auteur de *La fable des abeilles ou les vices privés font la fortune publique*. Kant le choisit dans la *Critique* de *la raison pratique* pour illustrer l'erreur qui consiste à fonder la moralité sur un principe matériel subjectif empirique.

▶ ▶ **MENDELSSOHN Moses (1729-1786)**

Le phare des Lumières allemandes, négateur du progrès au nom d'une conception « eudémoniste » de l'histoire, objet de la critique de Kant dans l'*Idée d'une histoire universelle*.

▶ ▶ **NEWTON Isaac (1642-1727)**

Mathématicien, physicien, astronome et philosophe anglais. Créateur de la mécanique céleste et découvreur de la gravitation universelle. Auteur des *Principes mathématiques* de *philosophie naturelle* (1687), le monument de la science moderne après les *Révolutions célestes* de Copernic.

▶ ▶ **ROUSSEAU Jean-Jacques (1712-1778)**

Auteur du *Contrat social* et de l'*Émile* et écrivain préféré de Kant, son autre grand « éveilleur » (avec Hume), Rousseau lui révéla la destination morale présente en tout homme, l'idée d'une dignité indépendante de la valeur intellectuelle (voir *Observations sur le sentiment du beau et du sublime*, Vrin, p. 66). Kant voyait en lui le « Newton du monde moral » parce qu'il avait découvert le premier le caractère supra-empirique et fondateur du sentiment, dépassant ainsi les moralistes anglais du sentiment (Hutcheson, Shaftesbury).

▶ ▶ **SCHILLER Friedrich von (1772-1829)**

Poète et dramaturge allemand, disciple de Kant, auteur des *Lettres sur l'esthétique*, dont la Troisième reprend sur un mode littéraire tous les arguments de l'*Idée d'une histoire universelle*.

▶ ▶ **STURM UND DRANG (« Orage et désir »)**

Mouvement littéraire allemand précurseur du romantisme, en rupture avec le rationalisme et favorable à l'émancipation de la religiosité et du génie. On place son origine lors de la rencontre de Herder avec Goethe à Strasbourg, en 1769.

▶ ▶ **VILLERS Charles de (1765-1815)**

Officier d'artillerie et écrivain français, qui émigra en 1792 et s'enthousiasma pour la littérature et la philosophie allemandes. Il fut professeur à Göttingen et, de retour à Paris, s'employa à faire connaître l'état de l'Allemagne philosophique et littéraire. Il résuma la *Critique de la raison pure* et sera l'auteur d'une *Philosophie de Kant* qui fera un certain bruit.

Indications bibliographiques

▶▶ **1. Idée d'une histoire universelle au point de vue cosmopolitique (1784)**

XVIIIe siècle

1. Nous avons évoqué dans l'introduction les circonstances de la publication de l'opuscule dans la *Revue mensuelle berlinoise* (*Berlinische Monatsschrift*) en 1784.

2. La première traduction française date de 1798. Kant était peu connu en France avant l'année 1796, où fut traduit et largement commenté le *Projet de paix perpétuelle*. Avec la liberté de la presse accordée par le Directoire, s'étaient multipliés les journaux et revues, qui étaient alors la source de presque toute l'information littéraire et philosophique. La traduction de l'*Idée d'une histoire universelle* parut en 1798 sous le titre *Idée de ce que pourrait être une histoire universelle dans les vues d'un citoyen du monde* dans *Le Spectateur du Nord*, journal politique, littéraire et moral (tome sixième, avril-mai et juin 1798). Cette revue imprimée à Hambourg (Basse-Saxe), dirigée par Baudus, et qui parut de 1797 à 1800, était rédigée par des émigrés, dans un esprit d'ouverture et de curiosité, sans dépasser toutefois un aimable éclectisme. On y trouve le souci d'exprimer certaines opinions antirévolutionnaires modérées – ce qui est le cas dans les notes du traducteur qui, tout émigré fût-il, se voulait profondément cosmopolite et tourné vers l'avenir. Il faut dire qu'il s'agit de Charles de Villers*, ami de Madame de Staël, rempli d'enthousiasme pour une idée de l'histoire qui « oblige tous les regards à se tourner vers un but sublime » au lieu de s'enfermer dans la conception « fausse et matérielle » qui avait régné jusqu'alors et n'avait fait que favoriser l'imitation des grands héros, c'est-à-dire la répétition d'actions barbares !

Comme l'entrée en France du *Spectateur du Nord* fut prohibée dès septembre 1797, la parution en avril 98 de la traduction de l'*Idée d'une histoire universelle* y serait passée inaperçue si elle n'avait été reprise, deux ans plus tard, dans un ouvrage que Nicolas-François de Neufchâteau publia et présenta à l'Institut de France en avril 1800, sous le titre *Le Conservateur ou recueil de morceaux inédits d'histoire, de politique, de littérature et de philosophie* (2 volumes, à Paris chez Crapelet), où il se proposait de contribuer à une meilleure connaissance de la philosophie allemande.

Traductions françaises au XIXe siècle

3. Stéphane Piobetta fait remarquer le caractère chaotique de la pénétration de Kant en France. Kant fut d'abord connu uniquement (par Villers et les idéologues) pour ses écrits détachés (dont l'*Idée d'une histoire universelle*), en dehors de l'esprit d'ensemble de la *Critique*. Plus tard, lorsque celle-ci sera connue, Kant ne sera plus que l'auteur des trois *Critiques* ; on s'intéressera à la théorie de la connaissance et à la morale, et on oubliera la philosophie de l'histoire. C'est ce qui explique sans doute que Jules Barni, le premier traducteur de Kant en France au XIXe siècle (dans les années 1830-1870), n'ait pas jugé bon de faire figurer l'*Idée d'une histoire universelle* au rang des autres opuscules.

Éditions françaises du XXe siècle

4. L'*Idée d'une histoire universelle* est publiée dans le tome II des *Œuvres philosophiques* de Kant, dans l'édition de la Pléiade chez Gallimard (traduction de Luc Ferry).

Éditions en format de poche

5. Kant, *La Philosophie de l'histoire*, introduction et traduction de Stéphane Piobetta, avec un avertissement de Jean Nabert, éd. Aubier-Montaigne, 1947. Réunit les huit opuscules sur l'histoire :

1. *Des différentes races humaines* ; 2. *Idée d'une histoire universelle au point de vue cosmopolitique* ; 3. *Réponse à la question :* « *Qu'est-ce que les Lumières ?* » ; 4. *Compte rendu de l'ouvrage de Herder : Idées en vue d'une philosophie de l'histoire de l'humanité* ; 5. *Définition du concept de race humaine* ; 6. *Conjectures sur les débuts de l'histoire humaine* ; 7. *Sur l'emploi des principes téléologiques dans la philosophie* ; 8. *Le Conflit des facultés*.

6. Ce recueil des huit *Opuscules* traduits par Stéphane Piobetta a été réédité sous le même titre, mais sans l'avertissement ni l'introduction, par les éditions Gonthier-Médiations, 1965.

7. On trouve l'*Idée d'une histoire universelle* (sans *Qu'est-ce que les Lumières ?*) dans *Opuscules sur l'histoire*, traduction de Stéphane Piobetta, avec une introduction de Philippe Raynaud, GF-Flammarion, 1990.

8. *Idée d'une histoire universelle au point de vue cosmopolitique*, introduction et commentaires de Jean-Michel Muglioni, Bordas, 1988.

9. À la suite de la *Critique de la faculté de juger*, Gallimard, Folio Essais, 1989. Reprise d'une partie du tome II des *Œuvres philosophiques* éditées dans la Pléiade chez Gallimard (traduction de Luc Ferry).

10. Nouvelle réédition de la traduction de Stéphane Piobetta, *Opuscules sur l'histoire*. Présentation par Philippe Raynaud, GF-Flammarion, 1999.

11. Emmanuel Kant, *Histoire et politique*, textes traduits par G. Leroy, annotés par Monique Castillo, Vrin, 1999.

▶▶ 2. Publication de *Was ist Aufklärung ?* (« Qu'est-ce que les Lumières ? »)

XVIIIe siècle

1. Il s'agissait d'une question – « Qu'est-ce que les Lumières ? » – mise au programme de la Société berlinoise des amis des Lumières, où se réunissaient les participants de la *Revue mensuelle berlinoise* (*Berlinische Monatsschrift*), créée et dirigée par Johann Erich Biester (1749-1816), ami de Kant, et Friedrich Gedike (1754-1803), deux figures clés des Lumières allemandes, le premier dans le domaine politique et littéraire, le second dans le domaine pédagogique. La question a surgi sous la plume du pasteur J.-F. Zöllner, à l'occasion d'un débat sur le mariage civil. Parmi les nombreuses réponses, celle de Kant était la plus forte, la question lui ayant donné l'occasion de procéder à la première exposition systématique de ses idées politiques et constitutionnelles, dans le prolongement des conclusions de l'*Idée d'une histoire universelle*.

2. Le recueil complet des réponses à la question « Qu'est-ce que les Lumières ? » est publié en allemand : « *Was ist Aufklärung ?* » *Beiträge aus der Berlinischen Monatsschrift, Wissenschaffliche Buchgesellschett*, Darmstadt, 1793, avec une introduction et des notes de Norbert Hinske. Il contient, outre les réponses à la question de Zöllner (en particulier celles de Mendelssohn et de Kant), le débat sur le mariage civil et une série d'articles échelonnés sur plusieurs années, donnant une idée très précise de la tribune de discussion qu'était la *Revue mensuelle berlinoise*. Ce recueil n'est pas traduit en français.

Traductions françaises de *Was ist aufklärung ?*

3. Il n'existe pas, à notre connaissance, de traduction française avant celle de Jules Barni, en 1853, à la suite des *Éléments métaphysiques de la Doctrine du droit*, « suivis d'un essai philosophique sur la paix perpétuelle et d'autres petits écrits relatifs au droit naturel » (Paris, Auguste Durand). Barni qualifiait l'opuscule de « l'un des plus solides et des plus ingénieux de Kant ».

Éditions françaises du xxe siècle

4. Tome II des *Œuvres philosophiques* de Kant, édition de la Pléiade, Gallimard (traduction de Heinz Wismann).

Éditions en format de poche

5. Kant, *La Philosophie de l'histoire*, introduction et traduction de Stéphane Piobetta, Aubier-Montaigne, 1947.

6. À la suite de la *Critique de la faculté de juger*, Folio Essais, Gallimard, 1989. Reprise d'une partie du tome II des *Œuvres philosophiques* de la Pléiade.

7. *Vers la paix perpétuelle. Que signifie s'orienter dans la pensée ? Qu'est-ce que les « Lumières » ?* et autres textes, introduction et notes par Françoise Proust, traduction par Jean-François Poirier et Françoise Proust, GF-Flammarion, 1991.

8. L'article *Qu'est-ce que les Lumières ?* est désormais publié dans : *Aufklärung. Les Lumières allemandes*, textes traduits et commentés par Gérard Raulet, GF-Flammarion, 1998.

▶▶ 3. Sur la philosophie de l'histoire de Kant

Castillo M., *Kant et l'avenir de la culture*, Paris, PUF, 1990.

Duflo Colas, *Kant. La raison du droit*, Michalon, 1999.

Ferry L., *Philosophie politique*, tome II, *Le Système des philosophies de l'histoire*, Paris, PUF, 1984.

Foucault M., « Qu'est-ce que les Lumières ? », cours du Collège de France de l'année 1983, in *Le Magazine littéraire*, n° 309, avril 1993.

Höffe O., *Introduction à la philosophie pratique de Kant*, Castella, 1985.

Muglioni J.-M., *La Philosophie de l'histoire de Kant*, Paris, PUF, 1993.

Nabert J., avertissement à *Kant, la philosophie de l'histoire*, traduction et introduction, Aubier-Montaigne, 1947.

Philonenko A., *L'Œuvre de Kant*, Paris, Vrin, 1981, 2 vol.

Piobetta S., introduction à sa traduction des *Opuscules sur l'histoire*, parue sous le titre *Kant, la philosophie de l'histoire*, Aubier-Montaigne, 1947.

Raulet Gérard, *Kant. Histoire et citoyenneté*, PUF, 1996.

Renaut Alain, *Kant, aujourd'hui*, Aubier, 1997.

Tosel A., *Kant révolutionnaire, droit et politique*, Paris, PUF, 1988.

Vlachos G., *La Pensée politique de Kant*, Paris, PUF, 1962.

Yovel Y., *Kant et la philosophie de l'histoire*, Paris, Klincksieck, 1989.

▶▶ 4. Sur la vie de Kant

Borowski L. E., Jachmann R. B, Wasianskl E. A., *Kant intime*, textes traduits et réunis par J. Mistler, Paris, Grasset, 1985.

Goulyga A., *Emmanuel Kant, une vie*, Paris, Aubier, 1988.

▶▶ 5. Les œuvres de Kant

En allemand, édition de référence

Kants gesammelte Werke, Berlin, de Gruyter, 1923, 28 vol. parus (édition de l'Académie des sciences de Berlin).

En français

Œuvres philosophiques de Kant, édition de Ferdinand Alquié, 3 vol., « Bibliothèque de la Pléiade », Gallimard, Paris, 1980-1986.

Outre les éditions de poche, on trouve la plupart des œuvres de Kant publiées chez Vrin, aux Presses universitaires de France et chez Gallimard. Une liste détaillée de toutes les œuvres de Kant en français a été établie par J. Ferrari dans son ouvrage *Les Sources françaises de la philosophie de Kant*, Klincksieck, 1979.

Critique de la faculté de juger, trad. A. Philonenko, Vrin, 1989.

Titres disponibles dans la collection

Antiquité

ARISTOTE
Politiques, *Livre I* - n° 1

ÉPICTÈTE
Manuel - n° 19

ÉPICURE
Lettres - n° 5

MARC AURÈLE
Pensées pour moi-même – n° 45

PLATON
Le Banquet - n° 14
Ménon - n° 15
République, *Livre VII* - n° 16
Apologie de Socrate - n° 25
République, *Livre I* - n° 26
Gorgias - n° 41

Moyen Âge et Renaissance (Ve-XVIe s.)

MACHIAVEL
Le Prince - n° 10

Période moderne (XVIIe-XIXe s.)

DESCARTES
Discours de la méthode - n° 3
Méditations métaphysiques - n° 4

HEGEL
Introduction aux leçons d'Esthétique - n° 42

KANT
Fondements de la métaphysique des mœurs - n° 8
Préface à la 2e édition de la *Critique de la Raison pure* - n° 9
Projet de paix perpétuelle - n° 23
Idée d'une histoire universelle au point de vue cosmopolitique - Réponse à la question : « Qu'est-ce que les Lumières ? » - n° 30

KIERKEGAARD
La Maladie à la mort - n° 46

LOCKE
Lettre sur la tolérance - n° 40

MARX-ENGELS
L'idéologie allemande - n° 11
Manifeste du Parti communiste - n° 12

NIETZSCHE
La Généalogie de la morale - n° 13

PASCAL
Pensées - n° 44

ROUSSEAU
Discours sur l'origine de l'inégalité parmi les hommes - n° 17
Du contrat social, *Livres I à IV* - n° 24

SCHOPENHAUER
Sur la mort [...] - Métaphysique de l'amour sexuel, *chapitres 41 et 44* des Suppléments au Monde comme volonté et comme représentation - n° 37

SPINOZA
Appendices aux Parties I et IV de L'Éthique - n° 34

TOCQUEVILLE
De la Démocratie en Amérique, 4e partie du tome II - n° 43

Période contemporaine (XXe s.)

ARENDT
La Condition humaine, *premier chapitre* de Condition de l'homme moderne - n° 39

HEIDEGGER
Qu'est-ce que la métaphysique ? - n° 7

Édition : Anne-Maty NIANG.
Conception graphique intérieur : Thierry MÉLÉARD.
Conception couverture : Denis HOCH.
Iconographie : Michèle VIAL.
Fabrication : Julie COURTEBOEUF.
Crédit photographique : Arch. Nathan.
Couverture : ©Lebrecht/Leemage

Impression & brochage SEPEC - France

Numéro d'impression : 06601160652 - Dépôt légal : juin 2016

Numéro de projet : 10225159